대한민국 국민의 원과 한을 풀어낼
행복 프로젝트

대한민국 국민의 원과 한을 풀어낼
행복 프로젝트

초판 1쇄 인쇄 2014년 5월 10일
초판 1쇄 발행 2014년 5월 15일

지은이 | 方 相 龍
펴낸이 | 金 泰 奉
펴낸곳 | 한솜미디어
등 록 | 제5-213호

편   집 | 김수정, 박창서
마케팅 | 김명준
홍   보 | 김태일

주   소 | (우143-200) 서울시 광진구 구의동 243-22
전   화 | (02)454-0492(代)
팩   스 | (02)454-0493
이메일 hansom@hansom.co.kr
홈페이지 www.hansom.co.kr

ISBN 978-89-5959-393 4 (03150)

*책값은 표지에 표시되어 있습니다.
*잘못 만들어진 책은 구입하신 서점에서 친절하게 바꿔드립니다.

대한민국 국민의 원과 한을 풀어낼
행복 프로젝트

方相龍 지음

한솜미디어

| 차 례 | 대한민국 국민의 원과 한을 풀어낼

제1부 하늘과 땅의 위대한 진실
대한민국의 원과 한을 풀어줄 자미국! / 8
잊지 못할 오! 필승 코리아의 대한물결 / 17
흔들리는 대한민국 이대로는 위험하다 / 44
대한민국 국민이 편안할 수 있는 행복 프로젝트 / 62
불행의 씨앗은 뿌리지도 말아야 한다! / 75
여러분의 인생은 지금 어디로 가고 있나요 / 87
칙칙한 인생 태양보다 환한 인생으로 / 94
원 많던 인생이 행복 넘치는 인생으로 재창조 / 104
얽히고설킨 인생의 실타래를 풀다 / 114
비극 인생의 정체 / 124
희망의 미래를 열어갈 도서! / 136

제2부 인류의 생사여탈권자
미륵부처님(천상도감님) / 150
신명님(천상감찰신명님) / 154
하나님(태상천존 자미천황님) / 156
인황님(자미인황님) / 162

불러들인 수많은 귀신들 / 168
석가부처님의 사후세상 진실 / 182
사후세상의 진실 / 193
하늘의 사랑은 이론이 아닌 실제상황 / 199
아빠와 4살짜리 아이의 대화 내용 / 207
조상님을 한 번에 구원하는 의식 / 211
대단한 자미국 개국의 의미 / 216
인류의 하늘님 / 220
천도재 절대로 지내지 말라고 당부 / 226
고소 고발장이 날아오는 사연 / 234
영으로 보는 신점의 명인 / 238
사주풀이를 겸한 인생풀이 / 243
하늘과 땅의 절대자를 통해야 / 250

입천제, 천인합체가 꼭 필요한 사람들 / 256

제 1 부
하늘과 땅의 위대한 진실

대한민국의 원과 한을 풀어줄 자미국!

9천 년의 역사를 지닌 한민족인 대한민국!

9천 년의 유구한 역사 속에 찬란하고 행복한 날보다는 외세의 침입과 여러 사연과 여러 사고로 인해 아픔과 슬픔이 더 많았던 우리 대한민국!

아픔과 시련의 한고비 겨우 넘기고 숨을 돌리려 하면 숨 돌릴 여유의 시간조차 없이 예상치 못했던 또 다른 시련이 찾아와 그 시련과 또다시 싸워 이기려 몸부림친 시간이 무려 9천 년이란 긴긴 세월 동안 계속되었다!

시간은 쌓여 세월이 되었고,

한은 쌓여 피눈물이 되어버린 대한민국의 현실!

어쩌면 한 순간, 한 순간이 이리도 가슴 아픈 일만 생긴단 말입니까? 이미 가슴에 쌓인 눈물과 한이 녹아내릴 시간의 여유도 없이 아픔의 일이 계속 생긴다면 이 많은 상처와 한을 어찌한단 말입니까?

그 아무리 덩치 큰 바윗돌도 9천 년의 세월이 지나면 9천 년의 세월 속에 이리 구르고 저리 굴러 흔적도 알아볼 수 없는 작은 돌멩이 또는 흙으로 변하기 마련인데,

우리 대한민국의 원과 한, 눈물과 슬픔.

9천 년의 세월로도 깨져 나가지 못할 정도로 무엇이 그리 잘못

되었기에 9천 년의 세월로도 되지 않는단 말입니까?

깨지기는커녕 아픔과 눈물도 세월 속에 함께 성장해 가고 있으니, 이를 어쩌면 좋단 말입니까?

저자(女)의 현재 나이 43세.

저자는 이 세상에 태어나 43년이라는 인간의 삶을 살고 있습니다. 43년이라는 인간의 삶!

저자의 눈에 비친 이 세상은 지금뿐만이 아니라 항상 아파보였습니다. 그리고 아픈 일이 끊임없이 생길 것이라는 것을 이 저자는 미리 알고 있어 아팠습니다. 알고 있으면서도 전할 수 없음에 아팠습니다.

대한민국 국민들에게 아픔의 일이 일어날 것이니 예방하여 고통의 길에서 벗어나자고 진심으로 전하는데도 저자가 전하는 말을 듣지 않고 그대로 앉아 아픔의 일을 겪고 슬피 우는 대한민국을 보며 이 저자의 마음은 더 아팠습니다.

저자가 머물고 있는 곳은 자미국입니다. 자미국이 이 땅에 생긴 지 올해로 9년째입니다. 9년이라는 시간 동안 자미국에서는 30권 이상의 책을 집필하여 대한민국 국민들에게 전달했습니다.

현재 우리는 매우 위험한 상태이니 위험에서 벗어나도록 예방책을 세워야 한다고, 예방책을 세우자고.

위험의 일, 아픔의 일 당한 후에 땅을 치며 통곡해도 되돌릴 수 없다고, 외치고 외치고 또 외쳤습니다.

현재 일어난 세월호 배의 침몰.

자미국에서는 미리 몇 년 전에 예견을 했습니다.

이미 출간된 자미국 책을 보시면 저자의 말이 거짓인지 진실인지 알 수 있을 겁니다. 책 출판 날짜가 있으니 출판년도가 입증해

줄 것입니다.

　세월호 배의 침몰뿐만이 아니라 유명 연예인들의 잇단 자살과 유명 인사들의 해임과 관재, 수많은 사건들, 모두 몇 년 전에 예견해 놓았고 그 고통의 길에서 벗어나는 방법도 집필하여 전달하였습니다.

　이렇게 슬픈 일, 아픈 일 겪으면 인간이 감당하기 힘드니까.

　그리고 슬픈 일, 아픈 일 겪으면 안 되니까.

　겪지 말자고!

　겪으면 안 된다고!

　뒤늦은 후회하지 말자고!

　예방책 세우자고!

　예방책 알고 있다고!

　외치고 또 외쳤는데, 아무도 들어주지 않았습니다.

　저자가 아팠던 이유는? 아무도 저자의 말을 안 들어주고, 안 믿어주어 아팠던 것이 아닙니다. 대한민국의 불안한 미래와 아픈 미래, 슬픈 미래가 눈앞에 보였기 때문에 아팠던 것이고 안타까웠던 것입니다.

　또한 어떻게 하면 아프지 않고 잘사는지도 정말로 알고 있는데, 부족하고 모자란 인간으로 이 세상에 왔지만, 수없이 많이 아팠던 인류에게 진정으로 잘사는 길을 전하여 수없이 아팠던 인류가 이제는 덜 아프게 살 수 있도록 진실을 전달하고자 하는데 진실을 외면하고 각자 고통의 길에서 눈물만 흘리는 대한민국의 국민들을 볼 때마다 저자의 마음은 더 아팠습니다.

　그리고 항상 고민했습니다.

　어떻게 해야 이 진실을 내가 살아생전 이 세상에 다 전달하고 갈

수 있을까? 어떻게 전달해야 이 세상의 사람들이 나의 말을 믿고 따름으로써 고통의 늪에서 벗어나 기쁘게 웃을 수 있을까?

고민 또 고민하며 43년의 세월을 맞이했습니다.

원과 한, 아픔과 슬픔이 유난히 많은 나라 대한민국!

이제는 끝내야 하지 않을까 생각합니다.

처음에는 자미국이 낯설어 저자의 말에 공감이 안 가서 믿지 못했다면 이제라도 출간된 자미국의 책을 보면 자미국에서 했던 말들이 현실로 일어났기에 이제는 믿음을 가지고 믿고 따를 만하지 않을까요?

대통령 탄생, 국회의원 탄생, 의사 탄생, 판검사 탄생, 일류 요리사 탄생, 세계적인 스타 탄생, 과학자 탄생, 기술자 탄생 이 모두는 하루아침에 운이 좋아서 탄생한 것이 아닙니다.

그렇게 되기 위해서 각자는 몇 십 년을 나름대로 노력했고 고생했습니다.

대통령, 과학자, 판검사 등등의 탄생은 수많은 각자의 노력과 고생으로 얻은 하나의 결과입니다.

그 결과를 얻기 위해 각자 나름대로 고생한 것!

본인 아니면 어느 누구도 감히 알 수 없는 고생과 노력의 결실일 뿐입니다.

저자 역시도 마찬가지입니다.

이 진실을 알아냄!

하루아침에 우연히 알게 된 것이 아니라 남자 저자 인황님은 60년의 세월을, 여자 저자 사감님은 43년의 세월 동안 이 엄청난 진실을 알고지 수많은 노력과 고생, 아픔을 직접 겪으면서 알게 된 것입니다.

남들과 다른 어떠한 하나의 뜻을 진정으로 이루고자 할 때,

그 뜻을 이루기 위해서는 수많은 아픔과 실패의 길을 걸어야 합니다. 그 실패와 아픔의 시간을 어떻게 받아들이느냐에 따라 성공이냐 실패냐가 결정되겠지요?

인황님과 사감님의 수많은 눈물과 아픔의 시간을 통하여, 한 많고 원 많고 눈물로 범벅된 대한민국의 사람들이 좀 더 원과 한, 눈물의 슬픔에서 벗어나 행복하게 잘살 수 있는 길이 있음을 알게 된 것입니다.

너무 탄탄해 영원히 깨지지 않을 것 같은 바윗덩어리도 세월 속에 깨져 나갑니다. 많은 사람들이 모여 깨고 또 깨면 결국은 탄탄한 바윗덩어리는 인간의 노력으로, 인간의 힘으로 깨집니다.

대한민국의 원과 한, 눈물!

대한민국 국민이 못 깬다고요?

불가능한 일이라고요?

저자 둘의 힘으로는 불가능합니다.

큰 바윗덩어리를 두 저자에게 깨라 하면 불가능하고, 가능하다 하더라도 그만큼 많은 시간이 걸리겠지요. 그러나 많은 사람이 모여 합심해서 깨려하면 둘이 하는 것보다는 가능하고, 시간도 빨라지겠지요.

더 이상 원과 한, 아픔, 슬픔 없는 세상을 원하고 바란다면 저자와 함께 그 세상을 이루는 데 함께합시다.

함께한다면 분명히 가능합니다.

예를 들어 현재의 대통령은 박근혜 님입니다. 박근혜 대통령님이 어렸을 때, 커서 이 나라의 대통령이 될 것이라고 누가 감히 알았겠습니까?

그러나 현재 대통령이 되었습니다.

자미국에서 대한민국의 쌓인 원과 한을 잠재우고 풀어내는 일을 한다 하니 의아하겠지만 대한민국의 국민들과 함께한다면 가능합니다.

박근혜 대통령님이 어렸을 때, 이다음에 커서 대통령이 될 것이라고 누군가 말했다면 그것이 가능할까?라고 했을 것입니다.

그러나 현실에서는 대통령이 되었습니다.

자미국의 두 저자가 지금 하고 있는 것 충분히 가능합니다.

가능하지 않다면 왜 하자고 하겠습니까?

원과 한이 많은 민족이라 가만히 놔두어도 세월 속에 남는 것은 아픔과 눈물뿐인데, 그 모든 것을 다 아는 자미국의 두 저자 인황님과 사감님이 왜 아픈 민족을 상대로 사기를 치겠습니까?

인간의 삶을 한없이 아프게 하고,

인간의 삶에 한없이 눈물 나게 하는,

끝없는 이름 모를 질병과 사건 사고, 자살, 누명, 부모 자식 간의 오해와 이별로 인한 끝없는 아픔, 해임, 고소고발, 약물중독 등의 고통에서 벗어나 그동안 아프고 힘들었던 만큼 밝게 웃을 수 있는 행복의 길은 분명히 있습니다.

이 책을 접한 모든 분들은 자신의 인생과 가족의 행복을 위한 길이 과연 무엇일지 끝까지 잘 읽어주시기 바랍니다.

종교 얘기도 나오니 종교 책이라고 차가할 수 있겠지만 계속 읽다 보면 그렇지 않음을 알 수 있게 될 것입니다.

불교의 뿌리 3천 년.

기독교의 뿌리 2천 년.

도교의 뿌리 대략 100년 정도.

종교세계가 이 땅에 뿌리를 내린 세월이 너무 길다 보니 대한민국의 많은 원과 한의 실체를 밝힘에 있어 빼놓을 수 없는 부분이다 보니 언급한 것이지, 종교를 믿으라는 말이 아니니 착오 없으시기 바랍니다.

또한 하늘 얘기, 조상님 얘기가 나온다고 종교로 착각하지 마세요. 원과 한이 없는 행복한 인간의 삶 완성에 있어 절대적으로 필요한 부분이 하늘과 조상님 부분입니다.

인간 삶의 불행과 행복을 결정짓는 부분은 다름 아닌,

하늘과 조상님이었습니다.

그러나 종교에서 그동안 전했던 부분이 잘못되어 인간의 삶이 갈수록 아프다는 진실이 밝혀져 인간의 삶을 유익하게 하고자 진실을 밝힌 것이니 이 부분에 대해서도 오해하지 마시고 차분히 읽어주시기 바랍니다.

하나의 큰 사건이 발생하면 지금까지는 함께 걱정하고 함께 우는 것이 유일한 길이었습니다.

그러나 자미국에서 추구하는 것은, 함께 걱정하고 함께 우는 것도 중요한 일이지만, 우리의 현실로 아픈 일이 생기지 않아 서로 울지 않는 세상을 목표로 삼고 이 세상을 만들어가는 것입니다.

우리에게 일어난 수많은 사건들!

우리가 미리 자미국을 기점으로 함께했다면 막을 수 있었던 일들입니다.

예를 들어, 폭우로 피해를 입었다 합시다.

폭우라는 것은 많은 비가 쌓이고 쌓여 폭우가 된 것입니다.

많은 비가 내리고 또 내려 많은 비가 모여 폭우가 된 것이고, 그 많은 비는 피해로 이어지게 된 것입니다.

인간사의 대형 사고도 이와 같다는 것입니다.

누군가의 원과 한이 쌓이고 쌓여 대형 사고가 되었고, 그로 인해 인간까지도 아프게 된 것이라고 생각하면 됩니다.

작은 비로는 큰 피해를 입지 않습니다.

작은 비의 피해는 인간이 분명히 막을 수 있습니다.

인간세상에 일어나는 대형 사고들!

처음부터 대형 사고는 없습니다.

작은 사건들을 방치하고 방치하다 보니 작은 사건들이 쌓이고 쌓여 대형 사고로 이어진 것입니다. 그러나 인간의 눈과 귀, 재주로는 사건의 실마리를 찾을 수 없었기에 계속 겪을 수밖에 없었습니다.

자미국의 저자 인황님과 사감님은 이 모든 고통에서 대한민국의 사람들이 자유로워지는 방법 모두를 알고 있습니다.

지금까지는 자미국의 실체를 몰라 믿음이 안 가, 따르지 못해 아까운 생명, 건강, 행복 모두를 잃었다면 이제는 자미국의 뜻을 믿고 따름으로써 생명도 건강도 행복도 어느 것도 잃으면 안 됩니다.

소중한 것 잃고 난 후에 더 이상 슬픈 노래 부르는 아픈 인생 살면 안 됩니다.

소중한 것 잃고 난 후에 더 이상 눈물 나는 세상 살면 안 됩니다.

대한민국 국민들의 아프고 힘들었던 인생에 자미국에 두 저자 인황님과 사감님이 여러분들의 눈물 나는 인생에 작은 기쁨이 되어주고자 합니다.

아프고 힘든 사람들이여!

당신의 가슴에 흐르는 마르지 않는 아픈 눈물의 사연 그대로 가지고 자미국에 인황님과 사감님에게로 오세요.

세상에서는 당신의 그 아픈 눈물 멈추게 못하지만, 자미국의 두 저자는 가능하답니다.

자미국의 두 저자가 하는 일은 바로 이런 일입니다.

세상 어디에서도 멈추게 하지 못하는 인간의 끝없는 눈물과 아픔의 일들, 기적적으로 멈추게 하고, 그 아팠던 마음과 인생에 희망과 기쁨의 씨앗을 심어줌으로써 날이 갈수록 희망과 기쁨의 열매가 맺혀 당신네의 아픈 인생을 잊게 하는 마법과도 같은 일을 하고 있답니다.

인황님과 사감님을 만나게 되면, 인생에 무한한 희망이 생기게 된답니다. 또한 사랑하는 가족과 자신이 힘들여 얻은 명예, 재산, 건강 이 모두를 억울하게 누군가에게로 뺏기는 아픔의 일은 절대로 없게 됩니다.

항상 불안 초조했던 인간의 마음과 인간의 삶 역시도 편안하고 희망에 가득 찬 마음으로 바뀌게 됩니다.

잊지 못할 오! 필승 코리아의 대한물결

　이미 몇 년 전의 일이지만 우리의 기억 속에 생생히 살아 있는 오! 필승 코리아의 대한물결.
　우리는 누가 시키지 않았는데도 자발적으로 빨간 티를 입고 태극기를 품에 안은 채 거리로 나와 밤을 지새우며 목청껏 오! 필승 코리아를 외치고 또 외쳤습니다.
　그러면서 우리는 하나임을 보여주었습니다.
　성(이씨, 김씨, 박씨, 최씨, 정씨 등)씨도 다르고, 지역도 다르고, 성별도 다르고, 나이도 다르고, 성격도 다르고, 직업도 다르고, 취미도 다른 우리지만 모든 것이 다른 속에서도 우리는 국적이 같다는 단 하나의 이유만으로 똘똘 뭉치어 오! 필승 코리아를 외쳤습니다.
　모든 것이 다름 속에서 대한민국 국민이라는 단 하나의 공통점 하나만으로 하나가 될 수 있었습니다.
　우리의 이 멋진 광경에 우리 국민뿐만이 아니라 세계인도 우리의 하나 된 모습에 놀라워하며 세계 언론은 우리의 하나 된 모습을 앞다투어 부러워하며 보도했습니다.
　그러나 세월호 침몰 사건 이후에 지금은 그때와는 정반대의 상황이 되었습니다.
　한 나라의 얼굴인 대통령이 국민 앞에 사과를 하고 있고, 그런 대통령에게 심한 행동과 심한 말을 히는 대한민국 국민의 모습을 그대로 담아 세계에서는 보도하고 있습니다.

오! 필승 코리아뿐만이 아니라, IMF 금융위기 때 금 모으기 운동, 6·25 전쟁과 수많은 고통과 아픔 속에서의 급격한 경제 발전, 여성 대통령 탄생 등 그동안 대한민국은 세계인에게 많은 감동을 주었던 나라입니다.

작은 땅덩어리의 나라이고, 작은 인구의 나라이지만, 작은 땅덩어리의 나라, 작은 인구의 나라인 대한민국은 세계인 모두가 부러워하는 역사적인 일들을 참으로 많이 이루어낸 멋지고도 멋진 나라임에 틀림없습니다.

물론 지금은 나라 안에 안 좋은 일이 있어 그렇지, 지금 상황이 이렇다 해서 대한민국 국민이 그동안 힘들여 이루어낸 역사적인 멋진 일까지 물거품을 만들어서는 안 된다는 말을 이 저자는 하고 싶습니다.

세계인 모두가 부러워하는 이 대한민국을 만들기 위해서 우리는 함께했습니다. 우리의 수많은 피땀이 함께한 이 대한민국을 아차 하는 순간에 무너뜨린다는 것은 너무 안타까운 일인 것 같습니다.

우리 민족끼리야 서로 욕을 하든 상관없지만 우리나라에 대해서 외국인들이 뭐라 하는 것, 대한민국 국민들은 자존심 상하지 않나요? 저만 애국자라서 자존심 상하는 건가요?

아니요. 이 저자는 애국자가 아니에요.

애국자라서 그러는 것이 아니라, 이 나라를 세우시고, 수많은 외세의 침입과 수많은 시련 속에서도 이 나라를 지키고자 애쓰신 모든 분들의 진정한 피와 눈물, 이 모든 것이 헛되지 않기를 바랄뿐이에요. 내 눈에서 흐르는 눈물만 눈물이 아니라 상대의 눈에서 흐르는 눈물도 눈물이니까요.

이 나라를 세우시고 이 나라를 지키고자 진정으로 노력한 분들이 있었기에 우리는 나라 없는 서러움에서 벗어나 자신들의 의견을 자유롭게 말하며 행복하게 살고 있다고 생각해요.

그런데, 지금 현실이 아프다 해서 "대한민국을 떠나겠다"라는 말을 한다면, 이 나라를 개국하고 이 나라를 지켜내어 후세의 자손들이 나라 잃은 서러움에서 벗어나 잘 살기를 바라는 마음으로 자신들의 피도 아낌없이 흘리고 이 나라를 끝까지 지켜내고 이 세상을 떠나가신 님들의 마음은 어떨지 생각들을 하고 하는 말인지?

아무리 속이 상해도 그런 말은 하는 것이 아니라고 하시네요. 지금 대한민국 국민들이 자신의 일도 아닌데 함께 울어주고 있는 이유는? 나라가 같다는 한 가지 이유 때문이에요.

대한민국의 아픔 앞에 세계인은 눈물을 흘려주는 것이 아니라 우리의 흠을 파헤쳐 보도하기 바빠요.

이것이 같은 민족이냐? 아니냐의 어마어마한 차이점이죠.

꼭 지금뿐만이 아니라 힘든 나라경제에 조금이나마 도움이 되고자 IMF 금융위기 때 금 모으기 운동을 할 때도 금 모으기 운동에 협조한 것은 우리 민족이었지 다른 민족이 아니었습니다. 매 순간 기쁨도 슬픔도 함께한 우리 민족.

그런 우리 민족끼리 이러고 있는 현실 또한 세월호 침몰사건만큼이나 아픔이네요.

이제는 본격적으로 본론으로 들어가 볼까 합니다.

이 세상에는 수많은 사람들이 있습니다. 수많은 사람들 속에는 대통령부터 청소부에 이르기까지 수많은 직업이 있습니다. 수많은 사람들이 하는 일은 다르고 각자가 제 위치에서 하는 일 또한 다릅니다.

대통령은 대통령의 직책에 맞게 나라 안과 밖의 일을 잘해야 하고, 의사는 환자 치료를 잘해야 하고, 운전사는 승객의 안전을 생각하며 안전운행을 잘해야 하고, 학생은 학생의 위치에서 학생의 신분에 맞게 공부 잘해야 하고, 청소부는 여러 사람이 쾌적한 공간에서 잘 지낼 수 있도록 청소부의 일을 잘해야 하고, 주부는 주부의 일을 잘해야 합니다.

각자가 맡은 분야에서 최선을 다할 때, 각자가 만나 우리가 되었을 때 아름다운 가정, 아름다운 사회와 국가를 만들 수 있습니다.

이 저자는 대통령도 아니고, 장관도 아니고, 의사도 아니고, 사업가도 아니고, 청소부도 아니고, 학생도 아닙니다.

위에 열거한 것 중 어느 것에도 해당은 안 되지만, 이 저자가 이 세상에 왔다는 것은, 저도 뭔가 이 세상에서 할 일이 있기에 이 세상에 왔겠지요.

그러나 당사자인 저자 역시도, 이 세상에서 내가 해야 할 일이 과연 무엇인지 찾는 세월이 무려 43년이라는 시간이 흐른 어느 날 알게 되었습니다.

수많은 실패와 수많은 눈물, 수많은 아픔의 시간을 통해서 알게 된, 내가 이 세상에서 해야 할 일은?

의사도 아니고, 장관도 아니고, 사업가도 아니고, 주부도 아니고, 학생도 아니고… 그야말로 인간사에 이미 알려진 그 어떤 것도 아닌 '소통'의 일이었습니다.

인간사로 말하자면 통역사의 일이지요.

한국인과 미국인이 만나면 서로 언어가 달라 상대가 하는 말을 못 알아들으니 당연히 대화가 불가능합니다. 대화가 이루어지지 않으면 아무것도 진행할 수가 없게 됩니다. 이때 이 부분을 해결해 주는 역할을 하는 사람이 바로 통역사이지요.

저자는 이 일을 하고 있습니다. 그러나 조금 새롭고 조금 신기한 통역사의 일을 하고 있습니다.

저자는 세상에 이미 알려진 통역사의 일이 아닌,

하늘의 말씀을 우리 산 사람들에게 전달하는 일을 하고 있습니다. 하늘의 일을 한다 하니 제가 신부인가? 목사인가? 수녀인가? 라고 생각하는 분들이 있겠지만 그것도 아닙니다.

이미 세상에 알려진 신부, 목사, 수녀가 아닌 저는 '사감'이라고 합니다. 그리고 자미국에 저와 함께 계시는 남자 저자 분은 '인황님'이라고 합니다.

한국인과 미국인이 다르다는 것은 누구나 다 알고 있는 사실입니다. 한국인과 미국인이 다르다 보니 통역사 없이는 당연히 대화가 안 이루어진다는 사실도 누구나 다 알고 있는 사실입니다.

그렇듯이 하늘과 인간도 엄연히 다릅니다.

천상의 하늘과 땅의 인간이 엄연히 다르니 통역사 없이는 대화가 불가능하겠지요. 물론 하늘은 위대하시니까 우리 인간이 하는 말을 알아듣겠지만 우리 인간은 하늘께서 하시는 말씀을 못 알아듣습니다.

종교의 목사님, 신부님, 장로님, 수녀님 모두는 하나님의 말씀을 직접 듣고 우리 인간에게 전하는 것이 아니라 성경이 하나님의 말씀이라 믿으며 성경 말씀을 우리 인간에게 전달하고 있을 뿐입니다.

이렇게 생각하시면 됩니다.

성경책을 통해서 하나님 말씀과 하나님 뜻을 전달하는 기존의 종교세계는 우리 인간사로 비교하자면 학원이라고 생각하면 됩니다.

학원에 가면 문제지와 시험지 등 여러 자료를 통해서 교육을 시킵니다. 성경책은 학원의 문제지와 여러 자료에 해당하고 학교와 비교를 하자면 교과서와 같습니다.

우리 인간은 초등교육 과정부터 대학교 과정에 이르기까지, 몇십 년의 교육과정을 완수합니다. 몇십 년의 교육과정은 우리 인간의 삶을 좀 더 윤택하게 편안하게, 대우 받으며 살기에는 충분합니다.

그러나 우리 인간의 삶에는 뜻하지 않은 수많은 사건사고의 일들이 도사리고 있습니다.

우리 인간이 겪게 되는 수많은 사건사고들.

높은 관직, 명예, 재산, 학벌로 막을 수 없는 일들이 많습니다. 기존의 종교가 이와 같다는 얘기입니다.

성경 말씀, 부처님 말씀, 경전, 많은 종교 서적에 기록된 내용들이 그럴듯하기는 한데, 우리 인간이 인간의 삶을 살아가면서 예상치 못한 아픔과 고통의 인생에 직면했을 때, 종교의 이론과 성경 말씀, 부처님 말씀, 경전들은 힘든 인간의 삶에 실질적으로는 아무런 도움도 안 된단 얘기입니다.

인간의 삶을 살아감에 있어 때로는 학교에서 배운 지식과 이론보다, 성경과 불경, 경전의 지식과 이론보다는 책에도 나와 있지 않은 지혜와 상황에 맞는 결단력이 위험에 처한 우리를 살리는 데 더 중요한 역할을 할 때가 많습니다.

자미국의 두 저자 인황님과 사감님은 바로 이런 역할을 하는 사람입니다.

기존에 종교에서 이미 행했던 학교식 수업, 주입식 수업, 반복에 반복을 거듭하는 반복 수업이 아닌, 인생을 살아가면서 인간이기에 인간이 겪을 수밖에 없는 수많은 재앙과 천재지변의 위험의 길에 직면했을 때 그 위험의 길에서 벗어날 수 있는 실전 수업을 합니다.

　세상이 위험하다 해서 인간사의 삶을 포기할 수는 없습니다.
　자미국을 통하고 저자 인황님과 사감님을 통하여 하늘의 말씀을 듣다 보면 인간의 삶을 살아가면서 위험에 직면했을 때, 하늘의 음성과 하늘의 보호로 위험의 길에서 벗어날 수 있는 지혜와 행동들이 떠오르게 됩니다.
　아니면 위험에 처하게 되는 위험의 그 어떠한 메시지를 받아 위험의 길에서 미리 피하게 됩니다.
　과학과 문명이 지금처럼 발달하기 이전에는 대부분 사람이 모든 것을 진행했기에 사람만 조심하면 됐지만 지금은 사람 더하기 기계가 모든 것을 하고 있기에 인간이 편한 것도 있지만 편한 만큼 인간이 아픔과 고통을 겪게도 되는 세상입니다.
　이런 최첨단의 과학문명시대에 주입식, 반복식의 종교를 고집하다가는 인간이 지금보다 더 크게 상처를 입게 됩니다. 사람의 힘으로 모든 것을 힘들게 다했던 옛날보다는 기계가 사람이 해야 하는 일을 척척해 주니 편한 세상은 분명합니다.
　그러나 편한 만큼 우리 인간이 감당해야 하는 아픔 또한 그만큼 커져가고 있습니다.
　그렇다고 해서 모든 것을 사람의 힘으로 다했던 옛날의 힘든 시절로 다시 돌아갈 수는 없습니다. 이 편한 세상을 더 편하게, 이 좋은 세상을 더 좋게 시는 방법은 하늘의 지혜와 보호를 우리 인간이 받으며 살면 됩니다.
　기계의 힘, 최첨단 과학의 힘만으로도 우리 인간의 삶은 이토록 편해졌는데, 이런 우리 인간의 삶에 하늘의 힘이 들어간다면 우리 인간의 삶은 어찌될까요?

각자가 멋진 인생의 삶 상상해 봐요. 기쁜 인생의 삶 상상해 봐요. 상상해 보셨어요? 그런데 그 상상을 현실로 이루게 하는 곳이 자미국입니다.

기계와 과학이 발달된 인간의 삶! 인간의 삶을 편하게는 하지만 인간의 안전까지 책임지지는 않습니다. 그러나 이 저자가 말하는 종교를 탈피한 자미국, 종교를 탈피한 진정한 하늘은 인간의 안전을 책임져주시는 우리 삶에 절실한 분이십니다.

예를 들어 설명하겠습니다.

세월호 배의 침몰을 예로 들겠습니다.

선장도, 선원도, 일반인 모두도 그날의 불길한 사건을 알 수 없었습니다. 그러나 하늘께서는 알고 계셨습니다.

이를 막으시고자 날씨를 통하시어 1차로 출발을 못하게끔 하셨습니다.

그러나 자미국을 통하여 하늘의 소리 없는 말씀을 듣는 법을 배운 적이 없었던 모두는 위험의 배로 올랐습니다.

만약에 자미국을 통하여 인간을 위험의 길에서 보호하시고자 하시는 소리 없는 하늘 말씀 듣는 법을 미리 배웠다면 이런 불행의 일! 그냥 당하지는 않는단 얘기입니다.

하늘께서 인간에게 보내시는 불길한 일이 일어난다는 메시지를 배에 탄 어느 누군가는 받아들여 배의 출발을 막게 된다는 얘기입니다.

아무리 잘난 나라의 대통령도 인간에게 일어날 불행의 일, 인간 스스로는 알 수 없습니다. 자식을 사랑하는 부모도 자식에게 일어날 불행의 일 미리 알고 막을 수는 없습니다. 또한 위험에 처한 당사자도 자신에게 일어날 불행의 일, 미리 알 수 없습니다.

오로지 하늘만이 알고 계시지요.

그러나 하늘이 인간을 살리시고자 위험에 처한 우리 인간에게 피하라는 메시지를 보내주셔도 우리 인간이 하늘 보호 말씀을 들을 수 없어 피하지 못한다면, 인간의 불행은 계속되겠지요.

세월호 배의 침몰로 모두는 아프고 모두는 곤욕스럽게 되었습니다.

저는 인간세상에서 말하는 선장의 잘못, 정부의 늑장 대응, 세월호 사장의 비리 등에 대해서는 논하지 않겠습니다. 그 부분에 대해서는 수많은 사람들이 밝혀낼 것이니까요.

저는 하늘의 말씀을 인간사에 전하는 통역사라고 했듯이, 하늘의 말씀과 진실만을 전달합니다.

정부의 늑장 대응, 대통령의 늑장 사과, 선장과 선원들의 무책임한 행동들, 해경의 무책임 등등… 이뿐만이 아니라 이번 사건을 계기로 분노케 하는 부분과 드러나는 허점들이 하나 둘이 아니지요.

그 부분에 대하여 정부를 욕하는 사람, 대통령을 욕하는 사람, 해경을 욕하는 사람, 기자를 욕하는 사람, 유가족들을 욕하는 사람, 학교를 욕하는 사람, 선생님을 욕하는 사람들.

이 부분에 대하여 하늘은 말씀하십니다.

서로가 서로를 욕하고 탓한다 해서 사건이 일어나기 전의 시간으로 모든 것을 되돌릴 수 없듯이, 모두는 정부와 대통령의 늑장 대응, 무책임을 탓하지 말고 어떻게 해야 재발을 막고 이런 위험의 일이 또다시 일어났을 경우 어떻게 하면 아픔의 일을 또다시 겪지 않을지 아는 것이 더 중요하다 하십니다.

대통령과 장관들, 해경들 모두는 신이 아니고, 그렇다고 하늘도 아닌 우리와 똑같은 인간이라 하십니다.

물론 늑장 대응도 있었지만, 그 늑장 대응 또한 일부러 그런 것이 아니라 그 또한 어쩔 수 없는 인간의 한계라 보는 것이 맞다 하십니다.

또한 대통령도 장관도, 전문 해경도 각자는 각자가 믿고 따르는 종교가 분명히 있었습니다.

그러나 아무리 믿고 따르던 종교도 인간이 위험에 처했을 때는 이처럼 인간의 불행한 삶에 아무 소용이 없음을 확실히 알라 하십니다.

인간이 몇십 년 동안 믿고 따른 각 종교에서 성경과 불경의 경전을 통한 읽기식, 문제지 풀기식, 주입식, 암기식, 반복식의 이론이 아닌 우리 인간이 인생을 살아가면서 뜻하지 않은 위험에 처했을 때 하늘의 도움과 하늘께서 우리 인간에게 주시는 지혜 받는 법을 가르쳤다면 대통령도 장관도 해경도, 어느 누구도 이런 실수를 하지 않았을 거라 하십니다.

인간이 종교를 믿고 따른다는 것은, 인간 스스로 부족함을 느끼기 때문에 그 부분을 채우고자 종교를 믿고 따른 것인데, 이런 나약한 인간에게 종교는 힘이 되어준 것이 아니라 오히려 인간을 윤택하게 하는 생각과 지혜, 판단력을 흐리게 만들었고 그 안에 이론과 형식을 집어넣어 인간을 바보 아닌 바보로 만들었다 하십니다.

이번 사고에서 선장은 말했습니다.

선실에 그냥 있으라고.

배에 타고 있던 많은 학생과 일반 승객들은 선장의 그 말을 믿고 선실에 가만히 있다가 큰일을 당하고 말았습니다.

저자는 이 부분에 대하여 의문을 제기합니다.

자신들이 위험에 처했는데 선장이 가만히 있으라 한다고 어떻게 가만히 있을 수 있나?

인간은 위험에 처하면 착한 사람이든 나쁜 사람이든 본능적으로 살고자 하는 마음이 있기 마련인데, 아무리 선장이 선실에 있으라 한다고 자신들이 위험한 상태인지 알면서 어떻게 가만히 있을 수 있는지?

인간에게는 아니 인간뿐만이 아니라 생명을 지닌 모든 생명체는 자신이 위험에 처하게 되면 살고자 하는 본능과 살아야겠다는 본능이 있기 마련입니다.

여러분도 이 부분에 대하여 이해가 안 되지 않나요?

선실에 있으라는 선장의 말을 들은 승객들!

많은 사람들은 말합니다.

학생들이 너무 착하기 때문이었다고.

학생들이 어른의 말을 너무 잘 들어서였다고.

이게 과연 진실일까요?

그럼,

착하게 살아야 한다! 선생님 말씀 잘 들어야 한다! 어른을 존경하고 공경해야 한다!라고 가르친 자는 과연 누구인가요.

아이들이 착하기 때문이고, 어른들 말을 잘 들어서가 이유라면 그렇다면 그렇게 가르친 사람이 범인이겠네요.

그런데 그렇게 가르친 사람은 대체로 아이들의 부모였습니다.

그렇다면 부모가 아이들을 위험에 빠지게 한 장본인이란 말인가요? 말이 안 되지요.

진실을 전합니다.

아이들에게 착하게 살아라! 어른들 말씀 잘 들어라!라고 가르친 대한민국의 부모님들 참 잘하시는 겁니다.

아이들이 위험에 처한 상황에서도 긴급히 대처를 하지 못한 것

행복 프로젝트 27

은 물론 1차적으로 선장의 책임도 있지만 종교의 잘못된 이론이 더 큽니다.

종교의 잘못이라 하니 종교에 충성인 사람들은 이 저자의 말에 거부 반응을 보일 수도 있겠지만, 끝까지 하늘 진실 말씀에 귀 기울이신 후에 잘못되었다고 결론을 내려도 늦지 않으니 끝까지 잘 경청해 주시기 바랍니다.

체육선생님은 체육을 가르치고, 국어선생님은 국어를 가르칩니다. 선생님은 각자 맡은 전문 분야의 교과를 가르칩니다.

의사는 환자의 병을 치료하고, 경찰은 나쁜 짓한 도둑과 범인을 잡고, 판사는 법을 어긴 사람을 심판하고, 대통령은 국민을 대신해 나라 안과 밖의 일을 하고, 부모님은 열심히 일해서 가족의 의식주를 해결하고 기본 교육을 시킵니다.

각자의 위치에서 딱 이 일을 분명히 "해야 한다"라고 문서로 작성해 놓은 것은 아니지만 각자의 위치에서 각자의 신분과 위치에서 분명히 해야 할 일은 있고, 그렇게 했을 때 이 세상은 원만히 돌아갈 수 있겠지요?

그렇다면 종교에서도 우리 인간을 위해서 분명히 해야 할 일이 있지 않겠어요?

그런데 우리 나약한 인간들을 위해서 종교는 과연 무슨 일을 했나요? 종교는 각 종교마다 추구하고 내세우는 분도 다르지만 하나님, 예수님, 부처님, 성모 마리아님, 상제님, 옥황상제님 등등을 내세우고 있습니다.

믿음도 자유이고 각자의 믿음에 따라 하나님, 예수님, 부처님, 성모 마리아님 등등을 내세우는 것도 자유이긴 한데요.

종교 교주들의 말대로 믿어라 해서 믿었고 따르라 해서 따랐는데요.

근데요, 믿고 따르면 인간의 삶을 살아감에 있어 어떤 부분에 도움이 되는 건지 여러분은 과연 알고 믿고 따르는 것인지 묻고 싶네요.

대통령은 대통령의 역할이 있고, 장관은 장관의 역할이 있고, 의사는 의사의 역할이 있고, 경찰은 경찰의 역할이 있고, 부모는 부모의 역할이 있습니다. 당연한 얘기 아닌가요?

그러면 종교의 역할, 종교 교주의 역할이 있을 것 아닌가요? 성경 공부시키고, 불교경전 읽게 하고, 성경과 불교경전 읽어주고, 목탁 쳐주고, 세례 받게 하고, 찬양하게 하고, 기도하게 하는 것이 종교에서 우리 인간에게 해줄 수 있는 일이고, 그것이 종교의 역할인가요?

그런가요?

아니요.

우리 나약한 인간은 인간의 삶을 살아감에 수많은 위험의 일, 고통의 일을 겪게 됩니다.

그런 나약한 인간에게 진정한 하늘의 말씀을 듣게 함으로써 위험한 일에 직면했을 때, 인간이 미처 생각지 못하는 하늘께서 전하여 주는 하늘의 엄청난 지혜와 하늘의 대단하신 판단력을 인간이 받아 행하여 위험에서 살아남을 수 있도록 하는 일을 하는 곳이 종교이고 종교의 선각자들이 해야 하는 일들입니다.

이 지자의 말이 틀린가요?

하나님, 석가부처님, 예수님, 상제님, 성모 마리아님께 우리는 영어, 수학, 사회, 체육, 도덕, 역사 공부하고자 다닌 것 아니잖아요. 그렇다고 성경 책, 불교경전 읽는 법을 배우고자 다닌 것도 아니잖아요.

우리 나약한 인간은 인간 스스로 나약한 자신을 인정하며 어떤 영적으로 대단하신 분의 보호를 받아 인간의 나약하고 부족한 부분 채우며 인간의 삶을 좀 더 편안하게 살아보고자, 그 방법을 알고자 종교에 다닌 것 아닌가요?

그러나 종교에서는 우리 나약한 인간에게 지금까지 해준 것은 성경말씀 전하기, 성경 읽기, 불교 경전 열심히 독송하기, 찬송하기, 기도하기, 전도활동 하기, 마음 비우기, 착하게 살기 등등을 가르쳤습니다.

그러면 저자는 대한민국 국민들에게 묻습니다. 대한민국 국민 여러분은 그동안 종교에서 열심히 배운 것 어디에 활용할 것이고, 언제 활용할 것인지 묻고 싶습니다. 그리고 긴 세월 동안 종교를 통해서 배운 것이 마음에 드시는지?

전 국민이 종교가 있는 것은 아니지만, 수많은 사람들이 종교를 가지고 있습니다. 대통령, 장관, 해경, 선장, 선원, 학생, 학생의 부모님들. 종교가 없는 사람보다 종교가 있는 사람들이 더 많습니다. 그런데 왜 모두는 이 위험의 길에서 각자가 믿었던 종교의 도움을 받지 못하고 이렇게 큰 참사를 당했나요? 정말 심각하게 생각해 볼 문제입니다.

선장과 선원들, 해경들의 무책임, 정부와 대통령의 늑장 대응 등등만이 원인인가요? 그렇다면 이 문제만 잘 해결되면 이 나라는 편안해지는 것인가요?

그런데 만약에 이와는 다르지만 또 다른 사고가 일어난다면 그 때는 어찌하면 되는 건가요? 그때도 소중한 것 잃은 후에 피눈물 흘리며 대통령과 정부의 무능력 탓하고 잘못된 기업들 파헤치면 되는 건가요? 그래서 서로 아프면 되는 건가요?

아니요. 지금까지의 방법으로는 절대로 앞으로의 불행도 막을 수 없고 피할 수 없습니다.

더 많은 육신의 피해자, 정신적인 피해자가 속출할 뿐입니다.

이 나라를 떠나면 된다고요?

아니요. 그것도 방법은 아닙니다.

다른 나라는 우리나라보다도 더 무서운 테러와 지진, 태풍 등등의 천재지변으로 더 위험한 상태입니다.

방법은 자미국을 통하여 기존의 주입식, 이론식, 반복식의 종교 활동이 아닌 하늘의 말씀과 지혜를 인간이 받는 법을 터득해, 인간이 위험에 처했을 때 하늘의 도움을 받음이 유일한 방법이라 할 수 있습니다.

저자는 또 독자들에게 묻습니다.

각자가 나름대로 그토록 열렬히 믿는 종교는 본인들 삶에 언제, 어느 때, 어느 상황에 필요한 건가요? 그리고 언제, 어느 때, 어느 상황에 쓰려고 종교를 믿는 건가요?

침몰하는 배 안에서 아이들에게 탈출 방송을 하지 않은 선장이 잘못 되었다는 것은 누구나 다 아는 사실입니다.

종교를 믿어도 우리 인간의 삶은 계속 아파만 갔습니다.

우리 인간의 삶은 수많은 아픈 사연들로 시들어가고 있고, 자살과 뜻하지 않은 사고, 이유 모를 병마로 수많은 사람들은 아파했고 죽어갔습니다.

그런데 종교에서는 이런 불쌍한 우리 인간에게 종교가 잘못되었으니 잘못된 종교를 떠나 진정한 하늘 말씀에 귀를 기울여야 살 수 있다고, 잘못된 종교를 탈퇴하여 진정한 하늘의 말씀을 들을 수 있는 곳을 찾아야 우리 모두가 행복할 수 있다고 어느 누구도 정답을 주지 않았습니다.

  그건 잘못된 것이 아닌가요? 잘못된 종교관으로 인해 수많은 사람들이 자신 인생에 계속 되는 아픔과 슬픔의 원인조차도 모른 채 상대를 탓하며 아픈 인생을 살고 있고, 그 고통을 이기지 못한 사람들은 자살로 이 세상을 등지고 있고, 살아 있어도 수많은 누명과 주위 사람들에게 안 좋은 소리를 들으며 각자 아픈 인생을 살고 있습니다.

  침몰하는 배 안에 있는 사람들에게 탈출 방송을 하지 않은 선장과 인간의 삶은 계속 병들어가고 있고 죽어가고 있는데 이것을 지켜보고도 종교의 허점을 뻔히 알고 있으면서도 신도들에게 전하지 않는 종교의 선각자들과 과연 무엇이 다른가요?

  또한 인간의 본능도 무시한 채 선장의 선실에 있으라는 말을 철석같이 믿고 선실에 있다가 안타까운 일을 당한 승객들의 모습!

  종교에 오래 머물러 있으면 있을수록 자신은 물론, 자신의 가족, 이 나라까지도 위험해지는 것을 자신들 삶으로 아픈 경험을 통하여 모두는 간접적으로 알고 있으면서도, 자신들의 삶, 가족의 삶이 병들어가고 있는 종교에서 나오지 못한 채 자신의 삶을 더 아픔의 길로 끌고 가고 있는 신도들, 도인들, 교인들 모습과 과연 무엇이 다른가요?

  이렇게 생각하면 됩니다.

  만약에 사고 난 배 안에서 그날 아무런 방송이 없었다고 가정해 봅시다.

  어떻게 되었을 것 같아요?

  승객들은 어떻게 하고 있었을 것 같아요?

  당연히 위험 감지를 느꼈겠죠.

  그런데도 아무런 방송이 없는 거예요.

다음 상황에서 승객(학생이라 차마 표현하기가 그래서 그냥 승객이라 표현합니다)들은 어떻게 했을까요?

여러 가지로 위험을 느끼고, 각자 탈출 시도, 또는 주위 친구들과 탈출 시도, 또는 어떤 승객이 우리는 지금 위험한 상태이니 탈출하자,라고 소리를 질러 단체 탈출시도, 또 어떤 승객은 학교든 구조대든 어디로 수시로 전화를 해 배 안의 상황을 전하며 선실 밖으로 나왔겠지요.

그때까지도 상황 파악을 못하고 가만히 있었던 승객들도 많은 사람들이 선실 밖으로 나가는 모습을 보고 뒤늦게라도 그들을 따라 선실 밖으로 움직였겠죠. 그렇게 되었다면 이렇게 큰 참사로까지는 이어지지 않았을 겁니다.

때로는 잘못된 누군가의 지시가 우리를 이토록 망친다는 얘기를 하고 싶은 겁니다.

때로는 누군가의 지시가 자신의 삶에 도움이 될 수도 있지만, 이런 위급한 상황에서는 누군가의 지시보다 인간의 본능이 정답일 수 있습니다. 왜냐고요?

인간의 본능!

이것이 무엇인데요.

하늘이 우리 인류에게 주신 생명줄입니다.

어떤 위험에 처했을 때 우리는 그 위험의 길에 처음 가봅니다. 처음 겪는 위험의 길에서 이론을 내세우고 종교관을 내세운다고 살길이 보이지 않습니다. 위험의 길에서는 몇 초의 시간이 인간의 생명을 좌우하게 됩니다.

이 짧은 시간에 우리 인간이 살 수 있는 길은 인간의 본능대로 행하는 것입니다. 물론 인간은 인간의 본능대로 행했다 하겠지요.

행복 프로젝트

그런데 그것이 인간의 본능대로 한 것이 아니라 하늘께서 주신 지혜대로 행한 것입니다.

그러나 인간의 눈에는 하늘이 보이지도 않고 들리지도 않다 보니 각자 본능대로 행하여 살았는지 알고 있는데, 사실은 본능, 순간의 선택, 그 모든 것들이 하늘의 보호였습니다.

선장의 말을 듣고 선실에 있다 안타까운 일을 당한 승객의 모습이 왜 신도들, 도인들, 교인들의 모습이라 하고 종교를 믿으면 하늘의 진정한 말씀을 왜 들을 수 없다 하는지 이제 조금은 이해가 가나요.

저자가 예를 들었듯이,

기울어진 배 안에서 차라리 선장의 어떠한 말도 없었다면 승객들은 인간의 본능(하늘께서 주시는 지혜)대로 행하여 이렇게 큰 참변을 당하지 않았을 거라는 저자의 설명에 조금은 공감이 가시나요?

그렇다면 다음 진실 전달합니다.

만약에 여러분의 삶에 종교가 없었다고 가정해 봅시다.

종교를 통해서 어떤 이론도, 어떤 지시도 받은 것이 없는 인생을 살고 있다고 가정해 봅시다.

여러분이 인생을 살면서 어떤 중요한 결정을 내려야 할 때,

또는 위험에 처했을 때, 과연 하늘께서 각자를 구하시고자 각자에게 주시는 생명의 말씀을 각자는 지금처럼 못 알아듣고 있을까요?

아니요.

당연히 알아듣겠죠?

그러나 지금은 종교를 통해서 전하는 그들의 말에 너무 집착을 하다 보니 진정한 하늘께서 하시는 말씀을 못 알아듣고 아픔의 길로 가게 되는 겁니다.

하늘께서 왜 우리 인간을 아픔의 길로 인도하겠습니까?

하늘이 우리 인간을 아픔의 길로 인도한 것이 아니라 하늘께서는 우리 인간에게 아픔의 길로 가지 말라고 하셨는데, 가면 안 된다고 끝없이 말씀해 주고 계신데 우리 인간은 종교의 말을 듣느라 진정한 하늘의 말씀을 못 알아들은 채 우리 스스로 아픔의 길로 가고 있는 것입니다.

보십시오.

자식을 잃은 부모의 아픈 마음.

부모의 아픈 마음의 크기를 어디에 비교할 수 있겠어요.

감히 비교할 수도 없고 표현할 수도 없을 정도로 아프지요.

진정한 하늘도 그래요.

인류의 아파하는 모습에 하늘 또한 어떻게 표현할 수가 없을 정도로 아프고 아프죠.

그런데 왜 구원 안 해 주셨냐고 묻는 독자도 있겠지요.

그러면 자식을 잃은 부모는 자식 사랑하지 않아서 바다에 묻은 건가요?

부모가 자식을 바다에 묻은 것이 아닙니다.

그렇듯이 하늘께서 구원을 안 해 주신 것이 아니라 하늘께서는 구원해 주시고자 탈출 명령을 인간에게 내리셨는데, 인간들은 하늘께서 말씀하시는 탈출 명령은 안 듣고 선장의 선실에 있으라는 말만 들은 것이지요.

우리 인간의 마음이 이토록 아픈데 하늘의 마음은 어떠시겠어요. 자식이 아무리 부모를 사랑한다 하지만 자식에게 무조건적인 부모의 사랑에 비교할 수 있을까요?

없습니다.

인류를 향한 하늘의 사랑! 하늘의 아픔!

감히 이 세상 누가 쫓아갈 수 있을까요?

부처님이, 예수님이, 상제님이, 기독교에서 말하는 하나님이, 이름을 알린 성자님이. 종교 교주들이.

아니요.

어느 누구도 감히 쫓아갈 수 없습니다.

이번 참사로 수많은 대한민국 국민이 함께 울었고 함께 아파했습니다. 그러나 당사자인 부모 마음보다 대한민국 국민의 마음이 더 아플 수는 없습니다.

그렇듯이 인류가 종교에 파묻혀 하늘의 진실을 못 듣고 인류가 아파하고 인류가 괴로워하는 모습에 하늘은 피눈물을 흘리고 계십니다.

자미국에서 말하는 하늘은!

기존에 기독교에서 말하는 종교적인 하나님을 말하는 것이 아닙니다.

기독교에서 말하는 하나님 위의 하나님을 말합니다.

불교에서 말하는 석가부처님, 미륵부처님 위의 하나님을 말합니다.

성당에서 말하는 성모 마리아님 위의 하나님을 말합니다.

무속세상에서 말하는 모든 신들 위에 계신 분을 말합니다.

기존의 모든 종교를 초월한 하나님을 말합니다.

이 세상에 만생만물 모두를 최초로 창조하신 진정한 하나님을 말합니다.

세상에 단 한 번도 밝혀진 적이 없었던 너무도 고귀하시고 존귀한 진정한 하나님의 존함은 '태상천존 자미천황'님이십니다.

우리 인간만 종교의 그늘에 가려져 진정한 하늘의 보호를 못 받아 피해를 본 것이 아니라 진정한 하늘께서도 종교의 그늘에 가려져 인류에게 단 한 번도 존재를 밝혀보지 못한 피해자이십니다.

사랑하는 자식을 보고 싶은데 자식을 못 보는 고통.

자식이 부모를 못 알아보는 고통.

생각해 보셨나요.

우리 인류는 종교의 그늘에 가려져 인간과 하늘은 이렇게 아프게 살았습니다.

하늘의 아픔이 너무 커 그 아픔이 인간세계로까지 번지나 봅니다. 자식을 잃은 부모의 마음, 국민의 마음 모두 나름대로 아프지요?

또한 대통령의 마음도 나름대로 아프고 괴롭죠?

나라의 대통령!

국민에게 대우를 받음이 마땅한 자리이죠?

그러나 언젠가부터 현재의 대통령뿐만이 아니라 국민의 대우가 아닌 비판을 받는 자리가 되었습니다.

당연히 나라의 큰일을 하다 보면 못하는 부분도 있고 잘하는 부분도 있기 마련이죠.

그러나 언젠가부터 대우가 아닌 욕먹는 자리로 실추했습니다.

나름대로 많이 속상하고 또 속상하겠죠.

일반인처럼 속상하다 해서 이 말 저 말하며 풀 수도 없고, 일반인처럼 엉엉 울어서 풀어버릴 수도 없고, 가슴에 담자 하니 때로는 주체도 안 되고….

진실 말씀 전합니다.

그 마음이 하늘의 마음이라 하십니다.

큰 그릇은 큰 그릇대로 큰 뜻을 받고, 작은 그릇은 작은 그릇대로 작은 것을 받음이 어쩔 수 없는 천지자연의 이치입니다.

큰 그릇은 큰 그릇대로 큰 뜻을 받는다!

어찌 보면 좋은 말 같지만 진실을 알고 나면 그렇지도 않아요.

큰 그릇에 좋은 것(명예, 대우, 칭찬 등등)만 담는다면 얼마나 좋겠어요. 그러나 크고 좋은 것만 담는 것이 아니라 그릇이 크기 때문에 일반인이 담을(감당할) 수 없는 큰 아픔도 담게 된다는 진실이 있습니다. 그리고 또 다른 진실이 있습니다.

대통령 자리에 올라 남들과 다른 아픔의 일을 겪는 이유는!

인간세상의 말대로 나라 운영을 잘못해서, 민심을 살피지 않아서, 늑장 대응을 해서 등등의 여러 이유도 있지만, 그건 인간세상의 이유입니다.

예전의 대통령도, 현재의 대통령도, 앞으로의 대통령에게도 계속될 안 좋은 일들로 인한 국민의 원망과 원성으로 인한 마음 상처의 정체는 다름 아닌, 하늘의 아픈 마음을 그대로 느끼는 중이라 하십니다.

예수님, 부처님, 상제님, 미륵님, 성모 마리아님이 수많은 세월의 시간 동안 수많은 사람들에게 대우와 추앙을 받았습니다.

그러나 진정한 하늘은 그들의 그늘에 가려져 인류에게 원망과 원성만 들었습니다.

자신들의 삶에 좋고 기쁜 일이 있으면 인간에게 복을 주시고 인간을 보호해 주신 진정한 하늘께 인류는 감사하다 하지 않고 각자가 믿고 있는 부처님, 예수님, 상제님, 미륵님, 성모 마리아님께서 해주신 것처럼 거기에 감사하다 하고,

반대로 안 좋은 일이 생기면 각자 믿는 부처님, 미륵님, 예수님, 성모 마리아님을 원망하고 탓하는 것이 아니라 부처님, 미륵님,

예수님, 성모 마리아님은 그 순간에도 대우하고 추앙하면서 "하늘도 무심하시지" 하면서 하늘을 끝없이 원망하고 있으니 하늘의 속은 어떠실까요?

인간에게 끝없이 주신 당사자인 하늘은 인간에게 끝없이 원망을 듣고, 인간에게 아무런 도움도 안 된 그들은 끝없이 인간의 대우와 찬양을 받고 있으니 아무리 마음이 넓으신 하늘이라 하지만 억울하시지 않겠어요.

하늘이 억울하다 하십니다.

나라의 국정을 책임진 대통령과 장관들은 하늘의 이 큰 메시지를 받을 수밖에 없기에 국민들에게 끝없이 욕을 먹고, 원망과 원성 속에 가끔은 속이 터져나갈 정도로 억울한 일을 당하게 되는 거라 하십니다.

지금 높은 자리에 있는 자들의 답답한 마음, 때로는 억울한 마음, 그래도 누구에게 함부로 말할 수 없는 답답함. 높은 자리에 있는 분들 자신 스스로가 현재 느끼고 있는 말로 표현할 수조차 없는 그 마음이 하늘의 마음입니다.

각자를 그 높은 자리에 있게 해주신 분은 진정한 하늘 태상천존 자미천황님이신데 부처님, 예수님, 상제님, 성모 마리아님께 감사하다 하면서 진짜 하늘을 외면하고 있으니 국민들도 대통령님과 장관님이 진심으로 사과해도 진심어린 사과를 외면한 채 험담하고 있는 것입니다.

높은 분의 진심어린 사과에 등을 돌리고 있는 국민의 모습은 국민들조차도 모르고 하는 행동들이지만 하늘을 저버린 현재 높으신 분들이 모습입니다.

이 나라가 두루 편안하고 이 나라 국민 모두가 두루 편안한 길은 진정한 하늘의 원과 한을 풀어드리는 길 외에는 없습니다.

대한민국 국민.

대통령에서부터 일반인 모두에 이르기까지 원과 한없는 사람 없습니다. 억울하지 않은 사람 없습니다.

이는 분명 무엇인가 크게 잘못되었기 때문입니다.

정치를 잘못해서, 책임감이 없어서 등등의 이유도 있지만, 우리 인간이 알고 있는 이 사실만이 진실은 아닙니다.

우리는 감히 하늘을 아프게 하고 있습니다.

우리 민족은 예로부터 천손민족이라 했습니다.

우리 민족을 부처님 민족,

상제님 민족,

예수님 민족,

성모 마리아님 민족이라 알고 있는 사람 없을 겁니다.

그런데 왜 부처님 민족, 예수님 민족, 상제님 민족, 성모 마리아님 민족이 되어가려 하나요?

예로부터 우리 민족은 천손민족이라 했습니다. 진정한 하늘 태상천존 자미천황님과 함께해야 우리 민족은 진정한 빛을 보게 되는 민족입니다.

진정한 하늘 태상천존 자미천황님의 보호와 사랑, 지혜를 받아야 잘살 수 있는 민족입니다. 진정한 하늘 태상천존 자미천황님과 함께해야 원과 한이 없는 무릉도원의 이상향 세상을 살게 되는 민족입니다.

예를 들어 교통사고로 피를 많이 흘려 수혈을 받아야 하는 상황이 발생했다고 가정해 봅시다.

아무리 수혈이 급한 상황이라고 혈액형 확인도 안 하고 아무 혈액형의 피를 수혈한다면 어떻게 될까요?

큰일 나겠지요.

하물며 인간의 수혈도 이러한데, 우리 인간이 아무 종교를 믿고 아무 종교관을 받아들인다는 것이 왜 큰일 나지 않고 잘못되지 않겠어요.

우리 대한민국 국민에게 맞는 음식이 있고 맞는 환경이 있듯, 우리 대한민국 국민에게 맞는 하늘도 있기 마련입니다.

미국인들의 밥상과 한국인의 밥상은 엄연히 다릅니다.

생활 습관도 다르고, 교육관도 다르고, 법도 다르고, 생김새도, 성격도, 언어도 모두가 다 다릅니다.

그렇듯이,

우리 천손민족에게 맞는 하늘은 따로 있습니다.

우리가 함께해야 할 하늘은 따로 있습니다.

우리 민족이 함께해야 할 하늘과 함께하지 않음!

혈액형 확인도 없이 아무 피나 수혈 받음과 같은 이치입니다.

우리 민족은 진정한 하늘 태상천존 자미천황님의 피를 받아야 아무 탈이 없는데,

예수님, 부처님, 성모 마리아님 등등의 피를 잘못 받아 그 부작용으로 원과 한이 쌓이는 세상, 서로가 서로를 욕하고 탓하고 원망하는 세상으로 바뀌게 된 것입니다.

천도재아 굿, 기도, 성경읽기, 불교경전 읽기 등등도 외국인에게는 맞을지 모르지만 우리 민족에게는 맞지 않습니다.

그래서 천도재, 굿, 기도, 성경, 불교경전 읽기를 하면 할수록 인간의 삶, 대한민국에 안 좋은 일이 계속 생기게 되는 것입니다.

우리 대한민국 민족에게는 우리에게 맞는 의식이 따로 있겠지요.

대한민국 국민에게 부작용이 없는 의식!
하늘의 지혜를 받을 수 있는 의식!
원과 한이 쌓이지 않는 기뻐지는 의식!
천도재, 굿, 미사, 기도 발원 의식이 아닌,
우리에게 맞는 의식은 입천제와 천인합체의식입니다.

이 모든 것을 찾아내는 세월이 무려 남자 저자 분이신 인황님은 60년의 세월이, 여자 저자 사감님은 43년이라는 시간이 걸렸습니다.

이 정상까지 오는 한 과정 한 과정의 시간들!

말로 표현할 수 없을 정도로 아프고 힘들었습니다. 산 정상에 오르고자 할 때, 숨이 턱 밑까지 차오르는 것을 참고 또 참아야 산 정상에 오를 수 있듯,

이 정상까지 오르고자 60년의 세월, 43년의 세월 동안 차오르는 숨을 참고 또 참았고 수많은 원과 한, 수많은 아픔을 참고 또 참으며 정상까지 왔습니다.

큰 그릇은 큰 그릇대로 하늘의 원과 한을 크게 담는다 말했듯이, 이 진실을 밝혀야 하는 인황님과 사감님!

이 세상의 어느 누구도 이 두 저자가 감당한 고통의 크기를 절대로 모를 겁니다. 자식을 잃어보지 않은 사람은 자식을 잃은 부모의 쓰라린 마음 알 수 없다 하듯이, 인황님과 사감님 당사자가 아니라면 이 두 저자가 겪은 순간순간 아픔의 깊이를 헤아릴 수 없습니다.

부디 이 두 저자의 인생 모두를 바쳐 알게 되어 전하는 귀중한 진실 속에 대한민국 국민들이 진정한 하늘 찾아 원과 한의 인생, 아픔의 인생에서 벗어나 이 저자와 함께 행복해지기를 간절히 바랍니다.

우리는 한 민족입니다.

우리는 같은 나라라는 피를 나누고 있습니다.
우리라는 한 민족이 함께해야 할 하늘이 있다는 사실.
이 얼마나 기쁘고 감격스러운 일인가요.
행복해질 수 있는 길이 있다면 행복의 길 따라 함께 가야지요.
서로 밀어주고 끌어주어 함께 가야지요.
그렇게 진정한 하늘 태상천존 자미천황님께 가야지요.
그래서 서로를 탓하고 원망하여 서로의 가슴에 상처 주고 아픔 주는 세상이 아닌 서로를 격려해 주고 서로를 아껴주는 하늘도원의 인간 삶 살다가 육신의 삶이 다한 후에도 하늘인 태상천존 자미천황님께 가야지요.
잘했든 못했든 나라 일을 하느라 애쓴 대통령도, 장관도, 의사도, 일반인 모두도… 어느 누구 하나 빠짐없이 모두 모두 그동안 각자 나름대로 대한민국을 지키느라 애썼으니까 다들 행복해져야죠.
또한 살아 있는 우리뿐만이 아니라 이미 대한민국에 태어나 대한민국을 지키느라 애쓰고 사후세상으로 이미 가신 모든 분들도 진정한 하늘의 보호로 행복해야죠.
우리 대한민국 국민이 함께할 하늘 태상천존 자미천황님의 진실을 자미국을 통하여 알게 되고 입천제와 천인합체의식을 통하여 잃어버린 하늘을 찾으면 반드시 밝은 인생이 우리 삶에 펼쳐지게 될 것입니다.
대통령에서부터 일반인에 이르기까지.
대한민국 국민 모두는 진정한 하늘 태상천존 자미천황님의 피를 받아야 부작용 없는 인생, 아프지 않은 인생 살 수 있음을 전합니다.

흔들리는 대한민국 이대로는 위험하다

누구를 원망하고 탓하기 이전에 이 책을 통하여 깊은 깨달음을 얻어 진실에 순응해야 여러분의 소중한 인생, 소중한 가족들 지킬 수 있음을 알아야 합니다.

자신이 가족들을 지키고 싶다 하여 지킬 수 없습니다.

소중한 자신의 인생,

소중한 가족의 인생.

종교에 의탁한 채 비통하고 처참한 노예의 인생 살지 말고 입천제와 천인합체의식을 통하여 귀하고 귀한 인생 살다 하늘세상으로 가야 합니다. 한 번 가면 다시는 돌아올 수 없는 아름다운 인간세상.

힘들다고만 외치지 말고 아름다운 세상을 좀 더 아름답게 살다 가는 방법이 있다면 우리 인간은 그 길을 선택해야 합니다.

우리 모두는 종교생활 하고자 이 세상에 온 것이 아닙니다.

우리가 그 얼마나 오고 싶었던 세상이란 말입니까?

이 귀한 인생을 종교에 묻혀 산다는 것이 얼마나 가슴 아픈 일입니까? 하늘께서 말씀하십니다.

잘 살다 오라고.

'세월호'라는 배가 침몰하여 우리 대한민국 국민들의 가슴을 아프게 하듯이, 하늘께서도 우리의 비참한 인생에 가슴이 아프다 하십니다.

  배에 갇혀 못 나오고 있는 아이들로 인해 우리의 가슴이 아프듯이, 하늘께서는 우리 인류가 종교에 갇혀 못 나오고 있음이 가슴 아프다 하십니다.

  세월호 배에 갇혀 못 나오고 있는 불쌍한 아이들의 신세!
  우리 모두의 모습이라 하십니다.

  우리는 비록 침몰한 배에 갇혀 있는 신세는 아니지만, 또 하나의 침몰하는 배, 종교 배에 갇혀 있는 불쌍한 신세들이라 하십니다.

  세월호를 바라보며 우리의 눈과 가슴에서 피눈물이 나듯이, 종교 배에 갇혀 인생의 꽃 피어 보지도 못하고 사후세상으로 오는 우리 모두의 모습에 하늘의 가슴은 찢어진다 하십니다.

  세월호 사고 직전에 가만히 있으라는 선장의 말을 듣고 그대로 그 자리에 있었던 아이들은 위험에 처하여 목숨을 잃게 되었고 선장의 그 말을 무시하고 움직인 사람들은 살아서 우리의 곁으로 돌아왔습니다.

  하늘께서는 인류를 향해서 말씀하십니다.
  더 이상 인생 침몰시키는 종교 배 안에 있지 말고 자유의 세상인 인간세상으로 나와 인간다운 행복의 삶 살라고.

  침몰해 가는 배 안에 머물러 있으면 살고자 하는 마음이 있어도 어쩔 수 없이 죽게 되듯이 종교 배 안에 오래 머물러 있으면 각자의 인생도, 가족 모두의 인생도 소리 소문 없이 죽어갈 뿐이니 나오라 하십니다.

  종교교주들이 자신들의 뜻이 맞고 자미국의 뜻이 가짜이니 가지 말라고 붙잡아도, 자신들의 종교가 진짜이니 자미국으로 움직이지 말라고 하더라도 여러분은 하늘의 음성 따라, 하늘의 손길 따라 움직이셔야 삽니다.

　세월호 선장은 선실에 그냥 있으라고 말했습니다.

　종교교주들은 자신들의 종교에 그냥 있으라고 말할 것입니다.

　선장의 말을 무시한 사람들은 살아남았습니다.

　여러분들은 누구의 말을 들을 것입니까?

　종교에서 나오라는 하늘의 말씀을 들을 것입니까?

　그냥 있으라는 종교교주의 말을 들을 것입니까?

　물론 이렇게 말하면 종교교주들이 반박할 수도 있겠지요?

　반박하기 이전에 우리 모두는 각자가 이 땅에서 그동안 자신들이 한 일들에 대해 정말 잘했는지 못했는지 경건한 마음으로 반성의 시간을 가져야 합니다.

　아이들을 위험에서 구조하지 않은 채 나온 선장과 선원들!

　물론 그들에게도 그럴 수밖에 없었던 상황이 있었겠지만, 그 상황이 어떤 상황이었던 상황이 사람들의 목숨보다 우선일 수는 없습니다. 상황이 죽은 사람을 살릴 수는 없습니다.

　상황이 수많은 사람들의 아픈 마음보다 우선일 수는 없습니다.

　선장과 선원들의 무책임으로 인한 결과는,

　수많은 사람들이 생명을 잃었고 수많은 사람들이 이들의 죽음 앞에 아픔이 절정에 달해 통곡하고 있습니다.

　잘했든 못했든 상황이 어찌 됐든,

　누군가를 아프게 하는 무책임한 짓은 어느 누구도 해서는 안 됩니다.

　저자는 종교와 종교교주를 욕하고자 하는 것이 아닙니다.

　수많은 종교인들의 아프다는, 아팠다는 그들의 말을 그대로 받아 적은 것입니다.

부처님 믿어라, 예수님 믿어라, 상제님 믿어라가 아니라 그들이 아프다고 하는 소리에 귀를 기울이는 진정한 종교의 선각자가 되어야 한다는 얘기입니다.

살아 있는 인간도, 이미 인간의 세상을 떠난 조상님도.

인간, 조상님 모두는 아프다고 힘들다 외치고 있는데, 아프다고 외치는 인간, 조상님의 통곡의 소리에 귀를 기울이지 못하는 종교는 인간에게도, 조상님에게도 더 이상 필요 없다는 얘기입니다.

자미국 개국된 지 9년째.

많은 종교인들이 찾아와 한결같이 하는 말은?

"너무 힘들어요. 너무 아파요"라는 말입니다.

이들은 각자의 종교가 있어 종교에 의지하며 살았는데, 눈물 나도록 힘든 자신의 삶의 사연을 왜 자신들이 믿었던 스님과 신부, 목사님에게 말 못하고 자미국에 찾아와 각자의 사연과 각자의 눈물을 쏟아내는 걸까요? 종교의 선각자들은 이들의 눈물 앞에 정녕 무엇을 했단 말입니까?

자미국의 저자는 이들을 이제야 만나게 되었지만 종교의 선각자들은 자미국의 저자보다 이들을 몇십 년 전에 만나지 않았습니까? 그런데 종교인들은 자신들의 아픈 사연과 아픈 눈물을 종교의 선각자들에게 말하지 못하고 왜 처음 보는 자미국의 저자에게 쏟아내는 걸까요?

몇십 년의 세월 동인 이들의 아픔에 선각자들은 진정으로 무엇을 해주었나요? 종교 나쁘다는 자미국 저자의 말에 반박하고자 한다면? 반박하기 이전에 기존에 있는 신도, 도인, 도반들의 입을 막아야 합니다.

그들이 자미국에 찾아와 각자 종교에서 많은 세월의 시간 동안 당했던 모든 서러움을 통곡하며 말하고 있답니다.

　상황이 어찌 됐든, 수많은 사람들이 공통적으로 아프다고 말한다면 이는 분명 무언가 잘못된 것이 확실합니다.

　하늘께서는 인류에게 말씀하십니다.

　침몰한 배 안에 소중한 아이들이 갇혀 있어 가슴이 아프고 쓰리듯이, 각자의 조상님들도 보이지 않는 그 어느 세계에 갇혀 있다고 하십니다.

　더 이상 이런 참사는 인간의 삶에 일어나면 안 되듯이, 각자의 조상님들을 더 이상 악의 세계로 자꾸 빼앗겨서도 안 된다고 하십니다. 자꾸 자신의 조상님들을 악의 세계로 빼앗기다 보면 인간의 삶은 더 처참해질 수밖에 없다고 하십니다.

　더 이상 인간의 삶에 어떠한 재앙도 일어나지 않도록 악의 세계로 빼앗긴 각자의 조상님들을 입천제의식을 통하여 악의 세계에서 구원해야 인간의 삶도 편안해질 수 있다 하십니다.

　악들이 각자 조상님들 모두를 점령하고 나면 인간세상도 점령하고자 할 것이라고 하십니다.

　악이 조상세계와 인간세계 모두를 점령하기 이전에 빨리 빨리 살아 있는 인간들은 악들보다 더 똘똘 뭉쳐 악의 세계에 갇혀 있는 각자의 조상들을 구원하고 각자의 삶도 구원받아야 한다고 하십니다.

　인간의 눈에는 보이지 않아 그렇지 악들이 인간세계를 점령하고자 하는 강도는 갈수록 심각해지고 있으니 인간들은 이들보다 더 빨리 움직여야 이들에게 점령당하지 않고 이들을 점령할 수 있다고 가르쳐주십니다.

　악들에게 잡혀 있는 각자의 조상님들을 악의 세계에서 빼오면 악들도 힘이 약해진다 합니다.

한 여인의 경우처럼 조상님들이 악의 세계에서 너무 힘들면 그 파장이 살아 있는 자손들에게까지 전달되기에 매우 위험한 일이라 합니다.

그래서 입천제를 행하여 각자의 조상님들을 악의 세계에서 빼온 뒤 천상 자미천궁으로 입천해 드리면 조상님들이 악들의 세계에서 영원히 자유로워진다 합니다.

지금까지는 이 진실을 밝히는 인류의 영적 지도자가 없다 보니 인류는 눈뜬 채 악들에게 당할 수밖에 없었습니다.

인간의 눈에는 영의 세계가 보이지도 않고 들리지도 않기에, 수많은 세월의 시간 동안 수많은 사람들은 불교에는 석가부처님이, 교회에는 예수님이, 대순에는 상제님이 계신지 알고 믿고 따르고 있었습니다.

그러나 사실은 부처님, 예수님, 상제님은 불교, 기독교, 도교, 인간세상이 아닌 천상세계 그 어느 곳에 계심이 밝혀졌습니다.

이렇게 생각하면 됩니다.

자신의 집을 비우고 자신은 긴 여행을 떠나게 된 겁니다.

그런데 깜빡하고 집의 문을 잠그지 않고 온 겁니다.

여행의 시간은 생각보다 오래 걸렸습니다. 한 10년 걸렸다 생각해 봐요.

문도 잠그지 않은 채 10년의 세월을 비워둔 자신의 집은 과연 어떻게 되었을까요?

자신의 집이 몇 년째 주인도 없이 계속 비어 있다는 사실을 안 누군가는 자신이 그 집의 주인인 양 살고 있을 수도 있습니다.

종교도 이와 같다는 얘기입니다.

행복 프로젝트 49

부처님, 예수님, 상제님이 인간세상의 절에, 교회에, 도교에 안 계시고 천상의 어느 세상에 계심을 안 어떤 영혼(숭배받고 있는 귀신)은 종교와 종교교주들의 몸으로 들어가 자신이 석가부처님인 척, 예수님인 척, 상제님인 척하며 그들이 주인 행세를 하고 있다는 뜻입니다.

그러나 일반인들의 눈과 귀에는 그들의 존재가 보이지도 않고 들리지도 않으니 부처님, 예수님, 상제님이 계신 줄 알고 만 인류는 지극 정성을 들였습니다. 하지만 만 인류에게 남은 것은 아픔, 고통입니다. 왜 인류에게는 아픔, 고통만이 남게 된 것인지 정답을 이제 알겠지요?

부처님, 예수님, 상제님을 가장한 그들은 인간을 잘되게 해주는 어떠한 능력도 없는 무명 영가였습니다.

인류의 이론대로 절에는 석가부처님과 미륵부처님이 계시고, 기독교에는 예수님과 하느님이 계시고, 도교와 대순에는 상제님과 미륵부처님, 하늘님, 신님이 계신다면 왜 이 저자가 그분들이 계시는 그곳에서 나오라고 말하겠습니까?

석가부처님, 미륵부처님, 예수님, 하나님, 상제님!

모두는 엄청 대단하신 분들 맞습니다.

이분들에 대해서 잘못 말하면 큰일 날 것이라는 것을 저자가 왜 모르겠습니까?

저자는 지금까지 종교를 욕함에 있어, 종교를 욕한 것이 아니고, 부처님, 예수님, 상제님을 욕한 것이 아니라 이분들을 가장한 채 자신들이 이분들인 양 행세하며 인간에게 대우를 받고 인간의 삶을 아프게 한 영과 악들을 욕한 것입니다.

그리고 이들의 굴레에서 벗어나야 살 수 있다고 말하고 있는 것입니다.

　부처님, 예수님, 상제님, 신명님, 하늘님이 얼마나 대단하신 분들인데 이 대단하신 분들에게서 벗어나라 하겠습니까?

　저자가 지금까지 종교와 종교교주에게 뭐라 한 것은 종교와 종교교주들의 몸으로 들어와 자신들이 부처님인 양, 예수님인 양, 상제님인 양 행세를 하고 있었던 못된 영들에게 한 말이었고,

　종교에서 나오라고 한 말은,

　못된 영들에게서 나오라는 얘기였습니다.

　못된 영들은 인간이 영의 세계를 보지 못하고 듣지 못하는 인간의 약점을 알고 있습니다.

　못된 영들은 인간의 이 약점을 이용해 인간을 오랜 세월 자신들의 뜻대로 가지고 놀았습니다. 그래서 인간의 삶이 아프고 힘들고 고통스러웠던 것입니다.

　인자하신 부처님께서, 예수님께서, 상제님께서, 성모 마리아님께서 인간을 왜 아프게 하고 힘들게 하겠습니까?

　부처님, 예수님, 상제님 모든 분들은 우리 불쌍한 인간들을 진실의 길로 인도하시는 진정한 성인이십니다.

　저자는 지금 하늘 전하는 일을 하고 있습니다.

　하늘 전하는 일을 하는 저자가 왜 하늘인 부처님, 예수님, 상제님을 욕하겠습니까?

　부처님, 예수님, 상제님, 하늘님을 욕되게 하고, 인간의 삶을 망가뜨린 못된 영들을 욕하고 있고, 인간의 삶을 망가뜨린 못된 영들의 굴레에서 구원하고자 그동안 악들이 저지른 만행에 대하여 낱낱이 밝히고 있는 중입니다. 그리고 그들의 만행에서 빨리 벗어나라고 말하고 있는 것입니다.

종교교주(스님, 신부, 목사, 도사, 보살, 사부 등등)도 결론은 인간입니다.

악들은 이 점을 이용한 겁니다.

종교교주들도 인간이라 자신들의 만행을 못 보고 못 듣는다는 인간의 약점을 이용해 자신들의 만행에 동참하게 만든 것입니다.

그래서 하늘께서는 그들의 만행에 당하는 인간이 불쌍하다 하시는 겁니다.

그들의 만행이 보이지도 않고 들리지도 않아 인류 모두가 지금까지는 당했다면 이제 더 이상은 당하지 말아야 편안하게 살아갈 수 있습니다. 인간의 삶을 끝없이 아프게 하는 그들만 이 땅에서 사라져준다면 우리가 사는 세상은 진정으로 아름다운 세상이 될 겁니다.

부처님, 예수님, 상제님을 가장한 악들이 세운 종교로 우리 대한민국 사람들이 더 이상 가지 않고, 그들이 원하는 것을 들어주지 않으면 그들 스스로도 자신들의 만행이 더 이상 인간세상에 통하지 않음을 인정하고 스스로 소멸될 거라 하십니다.

우리 대한민국을 예로부터 백의민족! 천손민족이라 하였습니다. 많고 많은 나라 중에 백의민족! 천손민족이라 칭한 나라는 우리나라밖에 없습니다.

백의민족! 천손민족!

진정한 하늘께서 이 나라를 선택하시어 이 나라로 오신다는 뜻이었습니다.

이 뜻을 이미 알고 있었던 악들은 미리 대한민국으로 들어와 대한민국 국민들이 하늘께 선택받지 못하도록 대한민국 국민들의 몸으로 들어와 자리 차지를 하고 앉아 서로가 서로를 헐뜯게 만들고 상처 주는 말을 하게 만들었습니다.

누명을 씌우게 만들고, 헤어지게 만들고, 자살을 하게 만들고, 성폭행을 하게 만드는 이 모든 만행의 일들을 백의민족! 천손민족이 직접 했다고요?

아니요. 우리 백의민족, 천손민족은 절대로 이런 짓 안 합니다. 아니 못합니다. 종교가 이 나라에 퍼지기 전의 이 나라 국민들의 삶을 살펴보십시오.

부모가 자식을 아끼고 사랑하는 마음.

세계인 어느 누구도 한국 부모의 마음 따라 올 나라 없을 정도로 부모가 자식을 아끼고 사랑하는 마음. 그 얼마나 애틋했는지 아세요? 또한 자식들도 부모에 대한 효의 마음.

어느 나라도 한국의 효를 따라올 수 없을 정도로 애틋했지요.

이웃 간에 정 또한 돈독했지요?

이랬던 우리 민족입니다.

이렇게 정과 사랑이 남달랐던 우리 대한민국 국민들이 왜 이렇게 무섭게 변하여 부모 자식 간에 상처 주는 말을 서슴없이 하고 이혼하고 이별하고 너 때문이다 하면서 탓하고 죽이고 죽는 불행한 일들.

힘든 일, 어려운 일 앞에 솔선수범하는 것이 아니라 서로에게 미루고, 부지런하고 책임감 있었던 멋있는 대한민국의 피는 다 어디로 갔단 말입니까?

이 현실 앞에 너무 서글프지 않나요?

세월호 배의 침몰을 바라보며 대한민국 국민 모두가 일심으로 울고 있습니다. 누가 그렇게 하라고 강요한 것도 아닌데 우리는 다 같이 슬퍼하고 있습니다.

함께 아파하고 함께 울고 있는 지금의 이 모습!

이게 바로 대한민국 본연의 모습이잖아요.

대한민국 본연의 이 모습들은 다 어디로 출장 가고, 가족 간에도 미워하고 죽이고 헐뜯고 헤어지는 무서운 세상이 되었단 말입니까?

이제는 종교 없었던 과거 시절로 돌아가야 합니다.

더 이상 종교를 가장하고 부처님, 예수님, 상제님을 가장한 악들에게 우리의 소중한 인생, 우리의 소중한 가족, 우리의 고마우신 조상님들을 더 이상 맡기면 안 됩니다.

우리의 소중한 인생, 소중한 가족, 고마우신 조상님들!

진정한 하늘께 의탁해야 합니다.

진정한 하늘은 우리의 인생 아프게 하지 않습니다.

진정한 하늘은 가족들끼리 헐뜯게 하지 않아요. 헤어지게도 안 해요.

금이 간 부부 사이, 부모자식 간, 오해 풀게 해주시고 사랑하게 하시어 잘살게 해주시는 분이 진정한 하늘이십니다.

또한 인간이 어떤 위험한 일에 처하게 되면 인간의 오감을 통해 위험을 느끼게 하시어 그 위험의 길에서 벗어나도록 안전하게 보살펴주십니다.

이런 삶을 살기 위해서는 1차가 입천제의식입니다.

입천제의식을 통하여 각자의 조상님은 구원하고, 자신의 몸에 들어와 있는 악귀잡귀와 이별해야 하늘의 사랑을 받을 수 있게 됩니다. 인간의 몸에 악귀잡귀가 있는 상태에서는 하늘의 보호를 받을 수 없습니다.

그 후 2차로 천인합체의식을 통하여 자신의 앞으로의 인생을 하늘의 보호 받으며 살면 됩니다.

천인합체의식은 이렇게 생각하면 됩니다.

여러분들이 외출하고자 집을 나올 때,

여러분들의 집에 아무나 들어오지 못하도록 현관문을 잠그고 나오듯이, 여러분의 소중한 육신의 몸으로, 가족들의 몸으로 악귀잡귀, 도둑들이 들어오지 못하도록 하늘의 잠금 장치를 한다고 생각하면 돼요.

천인합체의식을 통하여 천인으로 탄생하고 나면 인간육신의 삶을 하늘께서 보호해 주신다고 생각하면 됩니다.

소중하지 않은 사람 이 세상에 한 명도 없고, 불행해도 되는 사람이 세상에 한 명도 없듯이, 어찌 보면 천인합체의식은 어느 누구를 막론하고 모두에게 필수 의식이라 해도 과언이 아닐 정도로 모두가 행해야 하는 의식 중에 하나입니다.

인간이 어느 정도 자라 성인이 되면 남녀 누구를 막론하고 주민증을 발급받듯이 천인합체의식 또한 행복의 인생, 아픔 없는 인생을 원하고 바라는 이들에게는 필수라 할 수 있습니다.

하루라는 시간 속에.

수많은 위험한 길이 우리의 삶에 도사리고 있습니다.

이 수많은 위험한 길에서 무사할 수 있는 길은 입천제와 천인합체의식입니다.

인간세상도 부잣집일수록 잠금 장치를 철저히 합니다.

자신의 소중한 그 무엇인가를 잘 지키기 위함입니다.

또한 자신의 건강을 지키기 위해서 나름대로 좋은 음식과 좋은 약 등을 먹으며 건강을 지키고자 노력합니다. 또한 소중한 자식들을 지키기 위해 경호원도 두고 운전기사도 두고 있습니다.

인간이 삶을 살면서도 나름대로 자신의 소중한 그 무엇인가를 지키기 위해 최선을 다하듯, 천인합체의식 또한 이와 같다고 보면 됩니다.

지금까지 인간의 삶을 살다 간 수억만 조의 영가들.

인간이 상상할 수 없을 정도의 숫자입니다. 그 많은 영가들로부터 인간이 자유로워지기란 불가능한 일입니다.

자신의 집에 나쁜 인간(도둑)이 들어오지 못하게 하는 장치는 인간이 나름대로 철저히 하면 되는 것이고, 인간의 몸에 나쁜 영가(도둑)가 들어오지 못하게 하는 장치가 천인합체의식입니다.

자신의 집에 어떤 장치를 해놓으면 자신의 집에 도둑이 들어왔을 경우 그 장치는 도둑이 들어왔음을 알려줍니다.

이와 마찬가지로 천인합체의식을 행하면 자신의 몸과 자신의 일상으로 영가 도둑이 들어왔을 경우, 예전처럼 아무것도 모르고 그들에게 당하지 않게 되는 인생에 꼭 필요한 의식입니다.

또한 어떤 위험한 일(비행기 추락, 배 침몰, 교통사고, 심장마비, 자살충동, 유괴 등)에 처하게 되었을 때, 미리 그 위험을 자신도 모르게 감지하고, 그 위험의 장소에서 벗어나 있게 되며, 위험에 처하게 되더라도 비운의 주인공이 되지 않고 행운의 주인공이 되어 어떤 악조건에서도 하늘의 보호와 사랑을 받아 살아남게 되는 의식입니다.

도둑 영가들이 인간의 몸에 들어오게 되면 위험에만 빠지게 하는 것이 아니라 사람의 입을 통하여 헛소리 또는 해서는 안 되는 얘기를 여러 사람이 있는 곳에서 자신의 의지와 전혀 상관없이 툭 내던지도록 만들어 망신을 당하게도 만들고 파면, 해임을 당하게도 만듭니다.

도둑 영가들이 인간 망하게 하는 소행은 이루 말할 수 없을 정도로 많기에 인간이 이들을 스스로 감당한다는 것은 매우 불가능한 일입니다. 모든 것을 다 가진 유복한 집안 자손들의 자살과 명성을 얻은 자들의 자살.

이 모두도 못된 영가들의 소행입니다.

소중한 자신의 인생, 가족 모두를 악의 굴레에서 보호하는 길은 천인합체의식 외에는 없습니다.

나라의 대통령, 장관, 판사, 의사… 직업에 상관없이 모두가 행해야 하는 귀중한 의식입니다.

귀신들은 성공한 사람, 부자인 사람들을 더 좋아하기에 성공한 사람들일수록 자신의 행복과 명예, 건강, 목숨 이 모두를 그들에게 빼앗기지 않기 위해서는 더 빨리 행해야 합니다.

사람들은 흔히들 말합니다.

"귀신은 못된 년 놈은 안 잡아가고 왜 착하고 선량한 사람만 잡아가는지 모르겠어"라고요.

사람들이 귀신에 대해 몰라서 하는 말입니다.

사람들이 귀신에 대해 모르는 진실이 있습니다.

귀신들은 성공한 사람, 부자인 사람, 착한 사람, 예쁘고 잘생긴 사람, 젊은 사람들을 좋아합니다.

귀신은 가난하고, 못되고, 못생긴 사람, 나이 많은 사람을 절대로 좋아하지 않습니다.

그래서 유명세를 탄 연예인들, 성공한 사람들, 부자 된 사람들, 법 없이도 살 것 같은 착한 사람들, 예쁘고 잘생긴 사람들의 삶이 그렇지 못한 사람들의 삶보다 더 아프고 외롭고 고독한 것은 귀신들이 잘난 사람들의 인생을 가만히 두지 않기 때문입니다.

그렇기 때문에 입천제와 천인합체의식은 성공한 사람, 부자인 사람, 명예를 타고 난 사람… 그야말로 잘난 사람들이 해야 하는 고급 의식 중의 하나라 할 수 있습니다.

자신의 출세, 돈과 권력, 명예, 재산, 건강, 생명을 악에게 빼앗기지 않고 지키기 위한 필수 의식입니다.

악에게 우리 인간은 더 이상 아무것도 빼앗겨서는 안 됩니다.

성공도, 재산도, 건강도, 행복도, 가족도, 조상님도….

자신이 힘들게 이룬 것들! 천인합체의식을 통하여 지킬 줄 알아야 합니다.

언젠가부터 대두되고 있는 대통령의 비리와 피살, 자살 등 많은 일들이 생기고 있는 이유는?

대통령이라는 직책은!

어찌 보면 인간세상에 있어서는 최고의 자리입니다.

인간세상에 있어 최고의 자리에 오른 대통령들을 귀신들이 가만 두겠습니까?

국민들에게 욕도 많이 먹는 자리이지만 어찌 됐든 인간세상에 있어 최고 명예의 자리는 분명합니다.

귀신들은 최고 명예의 자리에 오른 대통령의 명예에 먹칠하기 위해 혈안이 되어 갖은 방법을 동원하여 괴롭히고 있지만 이 사실을 아는 이 없어 모두 당하고 있으니 이 얼마나 안타깝고 안타까운 일인지요.

귀신들의 만행으로 인해 힘들게 얻은 명예의 자리!

물러날 때는 명예를 얻고 나오는 것이 아니라 상처와 아픔만 잔뜩 안고 나와야 하니…

이 모두는 인간이 잘되기를 싫어하는 귀신들의 소행이고, 인간을 자신들 것으로 만들고자 하는 귀신들의 끝없는 욕심입니다.

언제까지 우리 인간들은 도둑 귀신들에게 당하며 억울하고 불쌍한 인생을 살 것인지요?

이제는 천인합체의식을 통하여 수많은 세월의 시간 동안, 수많은 자들이 귀신에게 빼앗긴 행복, 명예, 건강, 재산, 조상님 모두 되찾아 와야 하고 이제 더 이상은 그들의 계획대로 되지 않도록 하늘의 말씀대로 천인합체의식을 통하여 못된 악귀잡귀들을 점령해야 합니다.

귀신들에게 우리 인간의 삶을 더 점령당한다면 정말 하늘의 말씀대로 우리 인간세상은 악의 세상이 되어 엄청난 아픔과 고통의 세상을 살아야 할지도 모릅니다.

우리는 눈에 보이는 남편, 부인, 이웃사람, 자식, 부모와 싸워 이겨야 하는 것이 아니라 우리 모두는 자미국이라는 곳을 기점으로 똘똘 뭉쳐 우리의 소중한 모든 것들을 엉망진창 만들어놓은 악의 귀신들과 싸워 이겨야 합니다.

귀신들에게 우리의 소중한 모든 것을 계속 빼앗기며 바보 인생, 빈껍데기 인생을 살 것이냐? 아니면 똘똘 뭉쳐 이들에게 빼앗긴 모든 소중한 것들을 찾고자 할 것이냐? 엄청난 과제가 우리 앞에 놓여 있습니다.

이 어마어마한 과제 앞에 종교 안에서 더 이상 그들의 밥이 되어서는 안 됩니다. 그들의 종이 되어서는 안 됩니다.

세월호라는 배가 침몰되었습니다.

많은 생명을 잃었습니다.

우리는 이제 2천 년, 3천 년, 100년 넘게 행한 종교의식, 아니 악의 의식을 뒤집어엎어야 합니다. 2천 년, 3천 년의 세월 동안 행한 세월의 의식을 뒤집어엎어야 합니다.

왜?

우리 모두는 살아야 하니까요.

악의 세상을 우리 인간이 먼저 뒤집어엎지 않으면 우리는 악들에게 점령당해 악들이 쳐놓은 그물에 걸려 우리가 또 뒤집어져 또다시 피고름의 눈물을 흘려야 합니다.

세월호 배가 침몰하여 배가 뒤집어졌듯이 우리도 2천 년, 3천 년 동안 행한 세월의 의식을 뒤집어엎어야 합니다. 악들이 대한민국 그 어디에도 얼씬거리지 못하도록 우리는 자미국을 기점으로 모여 악들보다 더 똘똘 뭉쳐 이겨야 합니다.

가슴 아프도록 아까운 생명을 잃었습니다.

꼭 이번 일만이 아니라 우리는 악의 소행으로 너무도 많은 세월의 시간 동안 너무도 많은 것을 많은 사람들을 잃었습니다.

이제는 악으로 인한 상처, 그 누구도 받지 않도록 끝내야 합니다.

가슴 아픈 현실 앞에 감히 말합니다.

악들은 우리 대한민국 국민들의 가슴을 너무도 아프게 하는 큰 대형 사고를 냈습니다.

이 아픈 현실 앞에 말합니다.

보기도 아깝고, 눈에 넣어도 아프지 않을 사랑하는 아들딸들의 육신을 악들에게 빼앗겼습니다. 아들딸들의 영혼까지 악들에게 빼앗겨서는 안 된다는 말을 하고 싶습니다.

아들딸들을 악들에게 두 번 당하게 해서 두 번 아프게 해서는 안 된다는 말을 감히 하고 싶습니다.

눈물, 아픔, 괴로움!

억지로 참으면 병 됩니다.

인간은 모든 것에 한계가 있기 마련입니다.

눈물도, 아픔도, 괴로움도,

그 크기가 너무 크면 인간은 감당을 못하기 마련입니다.

억지로 참다가는 오히려 큰일 난다는 얘기입니다.

이 책을 보는 세월호 배의 침몰로 아픔을 겪은 유가족들.

감당하기 너무 버거우면 자미국으로 찾아오라는 얘기입니다.

진정한 하늘 앞에서 울다 보면 하늘의 크신 사랑과 기적, 이적으로 자신의 상처가 치유되게 될 것입니다.

저자인 나의 마음도 이토록 아픈데, 당사자들 스스로 이 상처에서 벗어나기란 어찌 보면 불가능한 일입니다.

아프지만,

아프고 또 아프지만 그래도 힘을 내고 살아야 합니다.

우리는 우리를 아프게 한 그 악들과 싸워 이겨야 하는 새로운 사명 완수를 해야 하니까요. 아깝게 간 그들도 그것을 원하고 바랄 것입니다.

어느 아들딸들도 자신들을 따라 부모가 죽음의 길로 오기를 원하고 바라는 자는 없습니다. 자신들의 몫까지 더 잘 살아주기를 바라고, 자신들처럼 악에게 넘어가지 않기를 원하며 바라고 있음을 유념했으면 좋겠습니다.

대한민국 국민이 편안할 수 있는 행복 프로젝트

증산상제님은 살아생전 도를 통하고자, 도통을 이루어보고자 끝없는 기도를 하늘에 올리는 생활을 하였지만 꽃이 피기도 전에, 그 소원을 이루어보지도 못하고 젊은 나이에 인간육신의 옷을 벗고 사후세상으로 간 장본인이다.

증산상제님은,

"나 증산상제는 살아생전 인간의 삶을 떠나오면서 말했다.

인간세상으로 다시 올 것이다, 라고.

그러나 내가 인간세상으로 다시 올 때, 도교를 통해서 온다고 말한 적은 없었다.

나는 내가 말했듯이 인간세상으로 다시 왔다.

그러나 나 증산상제는 도교나 대순이 아닌 천상도감님을 따라 자미국으로 다시 왔다. 지금까지도 도통이 이루어지지 않고 있는 도교나 대순이 아닌 이미 도통이 이루어지고 있는 자미국으로 들어와 살아생전 못다 이루고 간 도통의 소원을 이제라도 이루고 싶다"

고 하시면서,

"인간, 조상, 영 모두는 자미국으로 결집되어야 도통의 소원을 이룰 수 있다"고 힘주어 말씀하신다.

증산상제님은, 살아생전 도통을 원하고 바랐지만 결국은 그 소원을 이루어보지도 못한 채 젊은 나이에 사후세상으로 온 자신의

신세에 눈물을 흘리며,

"인간이 원하고 바란다 해서, 기도 열심히 한다 해서, 남들과 좀 다른 영적 능력이 있다 해서 인간의 소원을 이룰 수 없음을 알아야 한다"고 하시었다.

"살아생전 도통을 이루지 못하여,

도통의 소원을 가슴에 안은 채 머나먼 저승길로 돌아가는 내 자신의 신세! 너무 서글프고 슬펐다" 하면서

"도교인들도 하늘의 기운이 더 이상 내리지 않는 도교에 계속 머물러 있으면 자신처럼 살아생전 도통의 소원을 이루지도 못한 채, 사후세상으로 가야 하는 슬픈 신세 되니, 자신처럼 슬픈 신세들 되지 말라.

어서 훨훨 털고 일어나 하늘의 기운이 내리는 자미국으로 들어와 살아생전 도통의 소원을 이룬 후에 사후세상으로 와야 원과 한이 없다"고 눈물을 흘리며 말씀하셨다.

처음에는 도교도 하늘을 받드는 맑고 깨끗한 마음에서 비롯되었지만 세월이 가면서 욕심 많고 탐욕 많은 임원(선감)들로 바뀌면서 처음에 시작한 맑고 깨끗한 마음은 온데간데없이 욕심으로 가득 찬 지저분하고 더러운 곳으로 바뀌었도다.

이에 통탄의 눈물을 흘리며, "어서 임원(선감)들의 탐욕으로 가득 찬 곳에서 벗어나 하늘의 기운이 내리는 자미국으로 들어와야 '도통'의 소원 살아생전 이룰 수 있다고" 하시었다.

또한 임원(선감)들은 도교를 떠나면 상제님께 벌 받는다고 도인들에게 전하는 이유는?

도교인들이 도교를 떠나면 임원 자신(선감)들이 밥줄이 끊기기 때문이고, 자신의 욕심을 채우기 위함이면서, 왜 상제인 나에게 벌 받는

다고 전하면서 상제인 나를 팔아먹고 있는지 실로 답답한 일이다.

처음에 도교인들에게 말했던 도통은 온데간데없이 자신들의 욕심과 야욕 채우기에만 급급하고 도교인들 숫자 늘리기에만 급급한 것이 현재의 도교 상황이다. 도교인 숫자를 늘려 자신의 야욕 채우기에만 급급한 현 상황의 도교와 대순!

인간을 상대로 인간을 사고파는 인간시장과 지금의 도교가 과연 무엇이 다르더냐? 내 자신의 육신은 이미 흙이 되고 물이 되어 이 세상에 없지만, 내 육신이 죽어 없다고 나를 이용해 수많은 사람들에게 나를 운운하며 자신의 욕심을 채우며 산 그대들의 죄 많은 인생! 그 죄들을 감히 어찌 감당하려 하는가?

또한 나 외에도 나보다도 더 높으신 하늘!

천상도감님! 신명님! 나라조상님들, 모두가 보고 계시건만, 하늘 아래 작은 인간들이 하늘을 우러러 죄에 죄를 쌓아간다면 그 많은 죄들을 감히 살아서든 죽어서든 어찌 감당들을 할 것이더냐?

도교인들아!

도교는 예나 지금이나 상제인 나의 원뜻이 아니었다.

도교를 떠나 자미국으로 들어옴에 상제인 나에게 벌 받을까 봐 두려워할 필요 하나도 없다.

내가 인간세상을 젊은 나이에 떠나올 수밖에 없었던 이유는?

인간의 명과 인간의 부귀영화, 도통 그 모든 것은 나의 권한과 능력으로 이루어지는 것이 아닌 진짜 하늘만이 하실 수 있는 하늘의 고유 권한이자 하늘의 대능력이었기 때문이었다.

내 스스로에게 능력이 있었다면 내 목숨 내 마음대로 길게 늘려 인간사에 오래 오래 살면서 도통의 소원도 이뤘겠지.

하지만 다들 알고 있듯이,

나는 젊은 나이 39세에 인간의 삶을 떠나 사후세상으로 온 하늘 아래 작은 인간이었을 뿐이다.

나에게 다가오는 내 죽음의 길조차도 몰라 피하지도 못한 힘없고 나약한 내가 어떻게 그대들이 원하고 바라는 도통을 이루어줄 수 있겠는가?

도통을 이루어줄 수 있는 하늘! 그대들이 알고 있듯이 난 아니다.

아니 정확히 말하면 난 어떻게 해야 도통을 이룰 수 있는지조차 모른다. 모르는 내가 어찌 그대들이 원하고 바라는 도통의 소원을 이루어줄 수 있단 말인가?

인간의 삶, 조상의 삶, 영혼의 삶.

모두를 구원해 줄 수 있는 분은 그동안 그대들이 알고 있듯이 상제인 나도 아니고, 예수, 석가도 아닌 진정한 하늘 태상천존 자미천황님과 미륵님, 신명님, 자미인황님!임을 도교인들과 대순도인들은 알아야 한다.

더 이상 임원(선감)들의 욕심 채우기에 놀아나면 안 된다.

지도부 임원(선감)들은 영적으로 아는 것도 없고, 하늘과 대화가 되는 것도 아니고, 하늘의 말씀을 알아듣는 것도 아니고, 상제인 나의 말을 들을 수 있는 것도 아닌, 그냥 그대들과 똑같은 인간일 뿐이다.

아니 그대들과 똑같은 인간도 아니다.

임원(선감)들의 말에 넘어간 그대늘은 하늘의 마음을 닮아 맑고 깨끗하고 순진한데, 임원(선감)들은 인간은 인간인데,

그대들처럼 맑고 깨끗하고 순수한 인간이 아닌,

자만과 교만, 욕심으로 가득 친 그대들과는 판이하게 다른 이들이니 어서 그들의 곁에서 떠나 진정한 하늘이 계신 자미국으로 와

야 된다.

　임원(선감)들은 그대들이 스스로 도교 대순을 떠나오기 전에는 절대로 자기들 스스로 도교, 대순은 상제님의 뜻이 아니었다고 말하지 않을 것이니 임원(선감)들의 욕심 속에서 하루 빨리 도망쳐 나와 자미국으로 달려옴이 그대들 남은 인생과 사후세상 구원받는 길임을 알아야 한다.

　진정한 하늘이 아닌 이상 인간에게 벌줄 수 있는 권한을 가진 자는 이 세상에 아무도 없다. 상제인 나도 인간에게 벌줄 수 있는 능력이 없는데 임원들 곁을 떠나온다고 해서 임원들이 그대들 인생에 벌줄 수 없으니 아무것도 두려워하지 말고 망설이지 마라.

　그래도 정 두렵다면!

　도교 대순을 떠나 자미국으로 향하는 그대들의 손을 상제인 내가 잡아주어 자미국으로 안전하게 인도해 줄 것이니 임원들의 사리사욕 채우기에서 과감히 벗어나 상제인 나의 손을 잡고 우리 함께 자미국으로 가서 하늘께 구원받자.

　젊은 나이에 사후세상으로 온 상제인 내 신세도 불쌍하지만, 그대들의 귀한 인생을 도교와 대순 임원들에게 저당 잡힌 채 자유롭게 살아보지도 못하고 있는 그대들의 인생 또한 내 신세만큼 불쌍하고 처량하구나!

　진정한 하늘과 신님, 미륵님, 자미인황님께서는 이런 나의 신세, 그대들의 신세를 불쌍히 여기시고 자미국을 통하고 자미국에 저자 두 분을 통하여 우리들을 구원하여 주시고자 오시었으니 우리 모두는 진정한 하늘께, 신님께, 미륵님께, 자미인황님께, 자미국의 저자 인황님, 사감님께 엎드려 감사의 예를 올리며 살려 달라고 해서 구원받아야 한다.

상제인 나와 그대들이 그 얼마나 간절히 애절하게 기다리던 하늘이던가? 하늘만 만날 수 있다면 못할 것이 없다고 했던 나와 그대들 아니던가?

우리가 일심으로 기다리던 하늘께서 존재를 밝혀주셨으니 나와 그대들의 승리이고 대한민국의 승리 아니던가?

지금 성행하고 있는 불교, 기독교, 도교, 그 외에 모든 종교들은 어찌 보면 남의 나라에서 들여온 수입품인데, 자미국은 수입품이 아닌 세상 그 어떤 나라에서도 행하지 못한 엄청난 진실을 세계 최초로 밝히어 독자적으로 행하니 자미국은 기존의 종교처럼 수입품이 아닌 우리 대한민국 사람이 이루어낸 대한민국 자체의 본토박이 아니더냐?

이 얼마나 가슴 벅차고 기쁜 일이던가?

대한민국 안에서 이런 세계적인 위인이 탄생하다니….

지금 자미국이 시작 단계라 그렇지, 대한민국 사람들이 똘똘 뭉쳐 자미국 뜻에 동참하고 진정한 하늘의 뜻에 동참한다면 그대들의 인생과 대한민국 곳곳에서는 세계인도 놀랄 엄청난 천지조화와 하늘의 조화가 일어나게 될 거야.

그래서 상제인 나와 그대들이 진정으로 원하고 바랐던 도통의 세상, 신선의 세상이 대한민국을 기점으로 펼쳐지게 될 거야.

대한민국을 통하여 이루어지는 하늘의 천지조화에 세계인 모두는 감탄에 감탄을 하며 대한민국을 성국으로 받들게 될 거야.

그렇게 되면 수입품인 불교와 기독교, 그 외의 종교들은 이 나라에서 추방되어 진정한 세상을 펼치고, 인간세상을 이롭게 하는 자미국만이 우뚝 서게 될 거야.

그렇게 되면 세계인도 자미국의 위상에 신기해하며 자미국을 만나고자 세계 곳곳에서 몰려 들어오니 대한민국은 저절로 외국인들로 인하여 경제대국이 될 것이고, 그렇게 되면 대한민국 국민들은 가난에서 벗어나 함께 잘살게 되니 그 세상이 우리가 기다리고 기다리던 진정한 신선의 세상, 도통의 세상 아니던가?

자미국에서 추진하는 일과 천상에서 자미국을 통하여 이루어주시고자 하는 프로젝트가 이토록 엄청나니 우리 도교인과 대순도인들이 힘을 합쳐서 이 후천선경세상을 펼치는 데 무조건 앞장서야 돼.

상제인 나는 그대들에게 한 번도 원하고 바랐던 것이 없었는데, 솔직히 이 멋진 세상은 자미국의 인황님, 사감님과 함께하면서 이루어보고 싶다는 탐욕이 생기고 희망이 생겨.

그래서 나는 자미국으로 들어와 인황님, 사감님 하시는 일에 함께 협력자의 입장이 되어 해보려고 해.

그러니 도교인들도 대순도인들도 나를 따라 자미국으로 들어와 우리 함께 천지대업의 이 역사적인 일에 동참하여 이 멋진 세상 이루어보자.

이 세상 펼쳐보려고 상제인 내가 드디어 인간세상으로 왔어.

이 세상 펼쳐보려고 상제인 내가 드디어 자미국으로 왔어.

나를 기다린 도교인과 대순도인들이여!

우리 진정한 하늘과 신님과 미륵님과 자미인황님이 응감하시는 자미국에서 다시 만나 이 대원을 이루어보자.

상제인 나와 도교인, 대순인 우리가 자미국에서 함께한다면 우리는 해낼 수 있을 거야.

상제인 나는 자미국에서 기다리고 있을 테니 이 책이 출간돼서 이 책을 읽게 되면 어서 어서 자미국으로 달려와 우리 함께하면서 하늘과 땅의 대역사에 동참하자꾸나.

더 하고 싶은 이야기는 자미국을 통하여 만난 후에 더 자세한 얘기하자. 잠시 안녕."

정말 상제님다운 말씀이다.

예수님, 석가님, 모두는 어찌 보면 남의 나라 분이다.

그러나 유일하게 상제님만 대한민국 분이다.

그래서 상제님께서는 자미국에 애착이 남 다른가 보다.

정말 진정한 하늘님과 신님과 미륵님과 자미인황님, 상제님, 인황님, 사감님, 도교인, 대순도인이 함께하고, 수많은 대한민국 국민들이 함께한다면 세계 속의 자미국, 세계 속의 도통, 세계 속의 대한민국 못 이룰 것이 없을 것이다.

이렇게 하늘께서는 우리 대한민국에 엄청난 기회를 주셨다.

지금은 여러 가지로 많은 사람이 힘들지만, 하늘의 뜻을 펼치는 자미국에 동참하고 행하다 보면 분명 이 나라가 잘사는 길이 열리게 될 것이다.

세계 속의 대한민국!

근심 걱정 없이 두루 잘사는 대한민국을 만들기 위해서는 이 나라의 대통령뿐만이 아니라, 정치인, 경제인, 학생, 종교인 등 흔히 말해 대한민국 국민 모두가 동참해서 이루어내야 할 역사적인 민족사의 대업이다.

왜?

우리 모두는 대한민국이라는 한 배를 탔으니까.

대한민국이라는 한 배를 탄 우리 모두는 우리가 탄 배가 침몰하지 않고 목적지에 무사히 도착할 수 있도록 최선을 다해야 한다.

우리가 탄 배가 침몰하면 서로 죽게 되니까.

물론 배가 침몰해도 살아나는 사람은 살아나겠지만, 그래도 우리는 최선을 다해야 한다.

대한민국이라는 나라의 배에 원해서 탔든, 원치 않아서 탔든, 이유야 어찌 됐든 결과는 우리는 대한민국이라는 한 배에 탔다.

서로를 이롭게 하는 잘되는 길이 있다면 서로 협조하고 응원하고 동참하여 함께 그 뜻을 이룸이 마땅하다 하겠다.

사촌이 땅을 사면 배가 아픈 세상은,
지금까지의 잘못된 종교세상이고
사촌이 땅을 사면 기분 좋아 축하를 해주는 세상은,
지금까지의 종교와는 다른 자미국 세상의 실현이다.

대한민국 국민들과 함께 이런 세상을 만들고자 자미국이 개국되었다.

자미국 뜻에 서로 동참하고 협력하여 서로 아프지 않고 힘들지 않은 무릉도원, 신선의 세상, 하늘 세상으로 우리 함께 무사히 도착하여 함께 하늘의 무한한 축복과 보호 속에 사는 행복한 세상이 얼마나 아름다운 세상이란 말인가?

이 책을 계기로 지금까지 대한민국의 배가 아닌 외국계 배(예수님, 석가님)에 승선했던 대한민국 국민 여러분은 외국계 배에서 하차하여 대한민국 국민이 탈 수 있는 자미국이라는 배에 승선해 보지 않겠는가?

오랜 세월 외국계 배에 올라 있다 보니 한편으론 편하고 자미국이라는 배는 처음이라 낯설기도 하겠지만, 이 세상에 모든 것은 처음에는 모두 낯설기 마련이다.

자신의 부모님도 처음에는 낯설었고, 자신이 낳은 아이도 처음 품에 안았을 때는 기쁘기도 하였지만 기쁨 속에서도 낯설음을 느겼을 것이다.

익숙해졌다 해서 잘못인 줄 알면서 계속 행하면 안 되고, 낯설다 해서 진실인 줄 알면서 피하면 안 된다.

부모와 자식 사이. 낯설다는 이유로 인연을 끊으면 안 되듯이, 자미국이 낯설다 해서 무조건 거부하면 안 된다.

진정한 하늘이 어디인지 몰라 종교가 진정한 하늘세상인지 알고 종교 안에서 하늘 찾아 헤매는 여러분을 진정한 하늘 길로 인도해 주고자 대한민국이라는 나라에 태어난 대한민국 사람(인황님과 사감님)이 자미국이라는 하늘 배를 만들어 여러분을 태우러 왔다.

수많은 세월의 시간 동안 승선했던 외국배(각종교)에서 어서 어서 하선하여 자미국 배에 승선하시오.

외국 배(종교)에서 내리어 자미국 배로 승선할 때, 그동안 여러분이 지니고 있었던 종교서적과 종교용품들은 모두 그대로 외국계 배에 두고 내려야 한다.

그동안 여러분이 지니고 있었던 종교서적과 종교용품들!

여러분의 삶에 아무런 도움도 안 되고 오히려 방해만 될 따름이니까 홀가분하게 다 버리고 자미국 배에 승선하시오.

자미국 배에 승선하면 그동안 여러분이 오랜 세월 지니고 있었던 종교서적과 종교용품들보다 더 좋은 하늘 진실을 줄 것이니 아무 걱정 말고 기존의 종교서적과 이론 모두에 미련 갖지 말고 뒤도 돌아보지 말고 두고 내리시오.

지금까지 여러분이 타고 있었던 배의 선장님이 예수님, 석가님, 상제님이었다면 자미국 배(자미호)의 선장님은 천상도감님(미륵님), 신명님(천상감찰신명님 또는 천상선감님), 자미인황님이시다.

그동안 예수님, 석가님, 상제님께서 여러분을 천국세계, 극락세계로 인도했다면 천상도감님, 천상선감님, 자미인황님께서는 여러분을 천국, 극락세계보다 더 높고 더 좋은 천상 자미천궁 세상으로 인도해 주실 것이다.

천상 자미천궁 세계에서는 종교서적도 종교용품도 종교이론도 다 필요 없다. 천상 자미천궁 세상에는 자미천황님의 사랑과 진실만이 존재한다.

또한 여러분은 지금까지 기독교 안에는 예수님이, 불교 도교 안에는 석가님과 상제님이 있는 줄 알고 있었는데, 사실은 그렇지가 않다. 예수님을 가장하고 석가님, 상제님을 가장한 가짜가 있었다.

예수님은 하늘님을 따라 천국(도리천)세상에, 석가님과 상제님은 미륵님이신 천상도감님을 따라 천상(도솔천)세상에 올라 그곳에 계시면서 하늘공부를 오랜 세월 하시어 모두 손에 손을 마주 잡고 자미국이라는 곳으로 오셨다.

그렇기 때문에 여러분이 타고 있는 외국계(기독교, 불교, 천주교, 도교) 배에는 선장이 없으므로 선장 없는 배에 타고 있는 여러분은 너무 위험하다. 그 배는 잠시 후면 선장 없이 넓은 바다(끝없는 고통의 삶)를 향해 풍랑 속에 항해하다 소리 소문도 없이 가라앉게 될 것입니다.

그래서 위험한 여러분을 살리고자 하늘에서 자미국이라는 배를 만들어 위험에 처한 여러분을 살리고자 자미국 배를 여러분 앞에 보냈으니 어서 하선하여 자미국 배에 승선하시오.

낯설다는 핑계대지 말고,
위험하지도 않은데 괜히 겁준다고 말하지 말고,
사이비 같다고 말하지 말고,
하늘이 주신 자미국 배에 올라 구원받아야 한다.
나중에 각자 인생, 가족 인생,

엉망진창이 된 다음에 하늘이 왜 힘든 자신을 안 살려주었느냐고 원망과 후회하지 말고 기회 줄 때 기회를 잡으시오.

왜 힘든 자신들의 삶에 자미국 배가 이렇게 늦게 도착했느냐고 울부짖는 사람들도 있겠지만,

기존에 이미 만들어진 종교를 모방한 자미국 배가 아닌, 세상 어디에도 존재하지 않는 완전 새로운 배를 만들다 보니 이렇게 늦었다.

많은 사람들이 탈 수 있는 기존의 종교 배는 세계적으로 있어 세계인이 만드니 뚝딱하고 만들 수 있지만 자미국 배는 인황님과 사감님 둘이서 만들다 보니 시간이 이렇게 걸렸다.

자미국 배는 다른 종교 배처럼 각 지역마다, 각 지방마다 있는 것이 아니라 서울 강동구라는 단 한 곳에만 있다.

자미국은 앞으로도 기존의 종교처럼 각 지역별로, 각 지방별로 절대로 번창시키지 않을 것이며, 절대로 종교의 실패작 그 어떠한 것도 따라하거나 모방하지 않고 하늘의 말씀대로만 행하는 인류 최초의 하늘 말씀 잘 듣는 자미국 궁전이 될 것이다.

이토록 모방이 아닌 창조에 창조, 진실에 진실을 더하다 보니 완성하는 데 시간이 무려 9년이나 걸렸다. 기존의 종교 배는 세계인이 포교하고 전도하다 보니 빨리 이루어졌는지 모르지만, 빨리 만들어진 만큼 견고성은 없다.

실용성이 없는 종교 배에 탄 사람들의 인생은 모두 힘들게 되었고, 세상은 테러와 대재앙, 이름 모를 질병들, 우울증, 자살 충동, 각종 사고로 우환에 우환의 세상이 되었다.

하지만 자미국 배는 완성하는 데 시간이 조금 오래 걸리기는 했어도 빨리 뚝딱하고 만든 종교, 책임감도 없이 너나 할 것 없이 세계인 모두가 만들어낸 종교와는 판이하게 다르다.

그래서 이 세상 그 어떠한 것보다도 견고하고 특이하며 진실하다 할 수 있다. 또 진정한 하늘을 찾고자 하는 이들에게 진정한 하늘을 찾아주는 세계 유일의 곳이라 할 수 있다.

불행의 씨앗은 뿌리지도 말아야 한다!

'나는 누구인가?'라는 화두부터 풀어야 한다.

마음 수련원, 기 수련원, 도교 단체, 대순에서 도통을 이루고자 할 때 첫 번째 관문이 나는 누구인가?에 대한 답을 찾고자 주문수행 정진하고 있다.

주문을 통한 수행 정진으로 나는 누구인가?에 대한 대답은 대부분 전생이든 현생이든 여자는 "공주"고 남자는 "왕자"라는 대답이 가장 많고, 그 다음은 각자가 섬기고 있는 분의 "수석 제자"라는 대답, 그 다음 대답은 "큰일을 할 사람" 아니면 "크게 될 사람"이라고들 한다.

주문을 통해서 각자의 입을 통해서 나온 말들이 사실이라면 왜 각자의 입을 통해서 나온 말대로의 삶을 살지 못하고 왜 힘든 삶들을 살고 있는지? 생각들을 해보았는지 묻고 싶다.

생각들을 해보았는데도 아직 답을 못 찾은 상태라면 저자가 정답을 말한다.

각자의 입을 통해서 나온 대로 자신의 삶이 이루어지지 않음은 각자의 입을 통해서 나온 말들이 모두 헛말이고 거짓말이었기 때문이다.

각자가 궁금히 여기는 나는 누구인가에 대한 정확한 대답은 진정한 하늘만이 알고 계시지 우리 인간 각자가 알 수 있는 문제가 아니다.

현 세상에 생존하고 있는 인구 숫자는 72억!

72억!

숫자로는 그렇구나! 할 수도 있겠지만 72억 인구를 한 장소에 모아놓으면 72억이라는 숫자가 어마어마함을 느낄 수 있을 것이다.

현재 생존해 있는 어마어마한 72억 인구!

그렇다면 인류가 생긴 이래 이 세상에 이미 왔다 간 자들은 몇 명이던가? 72억 곱하기 몇 배는 나올 것이다.

그들은 이미 육신의 옷을 벗고 사후세상이라는 그 어딘가로 가 있는 상태지만 이미 육신의 옷을 벗었으니 어쩌면 귀신이라는 표현이 맞을 수도 있다.

육신의 옷을 벗고 영혼이 된 그들을 우리 산 사람들이 부를 때, 내 부모, 형제, 할아버지, 할머니, 친인척을 일컬어 흔히 조상님이라 하고 나 자신과 인연이 없는 영혼은 흔히들 귀신이라 한다.

각자 인연이 있어 조상님이든, 인연이 없어 귀신이든, 이미 이 세상을 떠난 영가들을 말한다.

그렇다면 이미 이 세상을 다녀간 엄청난 숫자의 이들은 지금 어디에 있는 걸까? 각자의 믿음과 각자의 종교관에 따라 극락세계, 천국세계, 정토세계, 지옥세계에 있는 걸까?

물론 그 세계에 가 있는 영가들도 있겠지만, 대부분은 살아 있는 인간의 몸 안에 들어와 살아 있는 우리 인간과 함께 생활하고 있는 영가가 더 많다.

그렇기 때문에 우리 인간은 인간의 삶 더하기 귀신의 삶을 살고 있다고 보면 된다.

살아 있는 인간육신의 몸으로 이미 육신을 잃은 수많은 영가들이 들어와 인간과 공존공생하고 있으니 인간의 정신은 온데간데 없이 인간의 몸에 들어와 있는 영가들의 마음 따라 이리 갔다 저리 갔다 정신들이 하나도 없는 삶을 살고 있다.

흔한 말로 내(산사람) 마음인지 네(귀신) 마음인지도 모른 채, 내가 네가 되고, 네가 내가 되어 살아가고 있음이 지금의 현실이다.

육신을 잃고 구천세상을 방황하던 각자의 조상님과 인연이 없는 귀신들과 우리 인간육신은 함께 살고 있다.

그래서 나는 누구인가에 대한 정답은?

공주, 왕자, 수석제자, 큰일을 할 사람이 아니라,

이미 육신을 잃은 '각자의 조상님과 귀신'이 정답이다.

어떤 사람의 몸에는 인간이 상상도 할 수 없는 많은 숫자의 영가가 들어와 있다.

많은 영가가 들어와 있으면,

인간이 이랬다저랬다 해서 지조 없다는 소리를 듣게 되고,

자신의 의지와 상관없이 웃었다 울었다, 반복하게 되고,

쇼핑을 이유 없이 많이 하게 되고,

어떤 일에도 집중을 할 수 없게 되고,

위아래를 몰라보니 윗사람에게, 부모님에게 욕을 하게 되고,

매사 피곤함을 많이 느끼게 되고,

인간의 간섭 받기 싫어 종교 단체에 들어가 도 닦는다면서 세월을 보내게 되고,

어떠한 책임감도, 죄책감도 못 느끼게 되고,

항상 주위를 향해서 섭섭한 마음만 들게 되고,

노력은 하려 하지 않고 남이 공들여 놓은 것 공짜로 가지러 하는 마음만 들게 하고,

내가 누구(공주, 왕자, 수석제자)다 하며 잘난 체만 하려 한다.

이 모두는 인간 본연의 마음이 아니라, 인간육신으로 들어와 있는 각자 조상님과 귀신들의 마음이다.

이런 현상을 종교계에서는 빙의라 하며, 인간의 몸으로 들어온 귀신을 내쫓고자 각 종교 나름대로 어떠한 행위들을 하고 있지만 종교에서 행하는 종교의식으로는 인간의 몸으로 들어와 있는 각자의 조상님과 귀신 절대로 내보낼 수 없다.

인간의 몸으로 들어와 있는 각자의 조상님과 귀신.

구천세계를 방황하는 각자의 조상님과 귀신을 보내고자 수많은 세월의 시간 동안 각 종교에서는 천도재, 49재, 100일 기도, 천일 기도, 1천 배의 절, 1만 배의 절, 촛불발원, 이름 바꾸기, 사주 바꾸기, 생일 바꾸기, 도장 바꾸기, 전화번호, 핸드폰 번호 바꾸기, 굿, 입도식, 주문수행 정진, 날밤 새우기, 부적 붙이기 등등 수많은 종교에서 수많은 방법들을 수많은 세월 동안 행하고 있지만 답은 없다.

해마다 때마다, 인생과 가족에게 문제가 있을 때마다 각자의 종교로 찾아가 임시방편으로 종교에서 행하라 하는 것 또 하고 또 하고 또 하고….

그래도 각자의 인생과 각자 가족들의 삶으로 소리 소문도 없이 스며들어 오는 원인 모를 고통은 막을 길 없으니 이토록 답답한 인생이 어디 있겠는가?

각자의 몸으로 들어와 있는 조상님과 귀신!

인간의 눈에 보여야 꺼내든지, 쫓아내든지 할 텐데,

육신이 없는 각자의 조상님과 귀신.

인간의 눈에는 절대로 보이지도 들리지도 않으니 이 노릇을 어찌

하랴?

 종교교주들의 눈에도 각자의 조상님과 귀신이 안 보이고 안 들리기는 매 마찬가지이다.

 인간의 눈에는 안 보이고 인간의 귀에는 안 들리는 각자의 조상님과 귀신을 인간의 몸에서 내보내는 일! 인간육신을 지닌 종교교주의 능력으로 이룰 수 있는 일이 아니다. 또한 천도재, 굿, 부적, 기도로 이룰 수 있는 일도 아니다.

 이 모든 일은 진정한 하늘 태상천존 자미천황님, 천상감찰신명님, 천상도감님, 자미인황님의 능력으로 가능한 일이지 우리 인간이 그 아무리 영적으로 뛰어난 인물이라 하여도 이룰 수 있는 일이 아니다.

 괜히 천도재와 굿, 기도, 주문수행 정진 등 종교의식 잘못 행하다 보면 오히려 더 뒤집어진다.

 가만히 있는 벌집 잘못 쑤셔놓으면 벌집에 가만히 있던 벌들 화나서 모두 밖으로 나와 자신을 건드린 사람의 머리와 눈, 코, 손, 팔, 얼굴 등 어디다 할 것도 없이 마구 물어 벌에 쏘인 부위가 아프고 힘들게 된다. 아프고 힘든 것도 문제지만 잘못되면 장님도 될 수 있고 더 잘못되면 죽을 수도 있다.

 이와 같이 조상님과 귀신들 종교의식을 통하여 조상님과 귀신 잘못 건드려 놓으면 오히려 더 뒤집어진다는 사실을 알아야 한다.

 사회적으로 명성을 알린 수많은 잘난 사람들!

 갑자기 교통사고, 자살, 심장마비, 약물중독 등으로 이 세상을 떠나 많은 사람들을 안타깝게 했다.

 그들에게는 대부분 종교가 있었다.

 기독교, 천주교, 불교, 도교, 무속, 여호와 증인, 신흥종교… 기타 등등.

그러나 그들이 믿었던 종교는 그들에게 불의의 사고와 자살 앞에서는 아무런 도움도 주지 못했다.

아니 오히려 종교라는 것이 그들에게는 독이 되었다.

반대로 그들이 살아생전에 종교가 없었다면 그들의 삶은 달랐을 것이다.

물론 인간의 명이 다 되었거나 나이가 많아 이 세상을 떠나는 것은 안타깝지만 그것은 어쩔 수 없는 일이다. 그러나 잘못된 종교관으로 인해 우리 아까운 인간의 삶과 인간의 목숨이 위태위태해지고 있음이 안타깝다.

사회적으로, 전 세계적으로 이름과 명성을 얻은 그들이 돈이 없고 부귀영화가 없어 청춘에 죽음의 길로 간 것이 아니다.

잘못된 종교관은 이토록 무섭다는 것이다.

또한 인간들에게 불의의 사고와 자살 앞에서 아무런 도움도 되지 않는다.

각자의 몸에 들어와 있는 조상님과 귀신들에게서 자유로워지는 길은 진정한 하늘께 입천제의식을 행하면서 진정한 하늘께 정중하게 인간의 행복한 삶을 의뢰하여 살길을 찾아야 한다.

자미국에서 인류 탄생 이후 처음으로 행하는 입천제는 기존에 종교에서 행했던 천도재, 굿과는 판이하게 다른 의식이다.

입천제는 자신이 살아생전 딱 한 번만 행하면 되는 의식으로서 입천제를 지내고 나면 그때부터 조상님의 굴레, 귀신의 굴레, 종교의 굴레에서 자유로워질 수 있는 신비의 의식이다.

자신의 몸에 이미 들어와 있는 각자의 조상님과 귀신들은 입천제 의식을 통하여 해결한 후에, 나는 누구인가를 찾는 천인합체의식을 행해야 도통의 길이 열리게 된다.

　인간 각자의 몸에 구원받지 못한 조상님과 귀신들이 있는 상태에서는 수백 년, 수천 년 도를 닦고 기도하며 주문수행 정진을 하여도 절대로 이룰 수 없는 하늘의 절대법도가 있다.

　보라.

　기독교 2천 년의 역사.

　불교 3천 년의 역사.

　도교 100년의 역사.

　이 긴 세월 동안 행하여도 이루어지지 않았다.

　긴 세월 동안 행하여도 이루어지지 않고 오히려 더 힘들어진다는 것은 분명 무엇인가 잘못되었기 때문이다.

　그러나 어떤 종교교주도 일반인도 종교의 허점을 알지 못한 채, 세월에 세월을 거듭하며 내려온 종교가 좋은 것인 줄 알고, 종교행위를 세월 속에 계속 행하며 고통의 세월을 보내고 있다.

　자미국에서 행하는 입천제와 천인합체의식은 어찌 보면 사회적으로 성공한 자들에게 더 필요한 의식이다.

　왜냐하면 인간세상에서도 성공한 자들에게 더 많은 사람들이 달라붙어 어떠한 혜택을 보고자 하듯이, 영의 세계도 마찬가지이다.

　귀신들은 가난한 사람, 그저 그런 사람보다는

　부자인 사람, 성공한 사람들을 무척 좋아한다.

　그래서 부자들에게,

　성공한 사람들에게,

　잘생기고 예쁜 사람들의 삶에 일반인들보다 불의의 사고와 자살, 고소고발, 약물중독, 막말 파동, 사기 배신, 가정불화, 우울증의 증상이 더 많이 발생하는 이유는 다름 아닌 귀신들이 더 많이

끼기 때문이다.

성공한 사람들의 삶과 인생, 가정, 기업으로 스며드는 불의의 사고와 자살, 고소고발로 인한 망신살은 바로 각자의 몸으로 스며들어온 귀신들의 소행이다.

성공하기 전,

부자가 되기 전에는 일반인들과 비슷했던 사람들.

성공하여 부자가 되고 나면 예전과 다른 모습으로 확 바뀐다.

그래서 세상에서는,

"성공하면 사람이 거만해진다.

부자가 되면 인정머리도 없어진다"라고 말을 한다.

맞는 말이다.

거만해진 것도 사실이고 인정머리가 없어진 것도 사실이다.

그러나 세상에서 알고 있듯이,

성공해서, 부자가 되어서 변한 것이 아니라,

성공한 자, 부자가 된 자의 몸으로 성공한 사람, 부자인 사람을 좋아하는 귀신들이 들어왔기 때문이다.

평범한 인간으로 살아갈 때는 귀신들이 들어오지 않아 인간 본연의 마음으로 착하게 살았지만 고생 고생해서 성공하여 부자가 되고 나니 잘난 사람을 좋아하는 귀신들이 그들의 몸으로 들어와 인간의 마음과 생각을 지배하고 있으니,

아무것도 모르는 인간은 모든 것이 자신의 마음과 생각인 줄 알고 귀신들이 조정하는 대로 따라하다 주위 사람과도 거리가 멀어지게 되고,

귀신이 조정하는 대로 막말을 하다 구설수에 올라 국민들에게 사과하며 힘들게 얻은 자신 성공의 자리에서 국민에게 욕을 먹으며

물러나야 하는 망신을 당하게 된다.

또한 귀신들의 소행은 그것으로 끝이 아니다.

자신이 잘난 누구다 하면서 인간의 마음에 끝없는 자만심을 심어 인간 본연의 마음을 결국은 잃게 만들어 추악한 인간으로 변하게 만든다.

그래서 스스로 자살하게 만들고, 상대를 죽이게 만들고, 부모 자식 간도 몰라보게 만든다. 인간의 삶을 살면서 귀신 무서워 성공 안 할 수는 없고, 부자 안 될 수는 없다.

성공한 삶, 부자 된 자신의 삶과 가족을 지킬 줄도 알아야 진정으로 행복한 삶이다.

자신의 소중한 삶과 가족들을 귀신들에게서 영원히 지키는 방법은 자미국에서 행하는 입천제와 천인합체의식을 행하여 진정한 하늘의 보호를 받는 방법 외에는 없다.

인간을 귀신의 피해로부터 영원히 보호해 줄 수 있는 분은 진정한 하늘 외에는 없다.

인간의 눈에는 귀신의 소행이 보이지도 들리지도 않기에 인간의 능력으로는 불가능이다. 또한 귀신을 잘못 건드리면 오히려 해코지 당해 더 힘들어진다.

귀신의 소행으로부터 인류의 건강, 행복, 목숨을 살리고자 자미국이 개국되었다.

인류의 역사는 말해 주고 있다.

성공할수록, 부자가 될수록, 더 조심해야 한다고.

일반인이 부러워할 정도로 성공한 이들이 자살, 약물중독, 우울증으로 이 세상을 등졌고, 모두가 부러워하는 유복한 가정에서 태어난 자들이 자살로 이 세상을 등졌다.

이 모두는 각자 나름대로 인간사에 사연들이 있기는 있었지만, 사실은 그 사연들로 목숨을 끊은 것이 아니라 사연을 가장한 귀신들의 소행이었다.

부와 명예, 출세, 성공, 목숨, 건강, 가족들을 귀신에게 빼앗기고 싶지 않은 사람들은 자미국을 통하여 입천제와 천인합체의식을 행하여 하늘의 보호를 받아야 한다.

대한민국과 대한민국 국민의 평화와 안정을 간접적으로 책임지고 있는 중요 직책에 있는 대통령!

대통령부터 입천제와 천인합체의식을 행하여 아무 불편함 없이 가장 행복해야 한다. 그래야 이 나라와 이 나라 국민의 안정과 평화에 힘쓸 수 있게 되지 않겠는가?

대통령이라는 직책은 단순히 수많은 국민들에게 대우받는 자리가 아니라 자신에게 이 나라를 맡긴다고 믿고 맡긴 국민들의 삶을 보이지 않게 책임져야 하는 직책이다.

대통령 자신의 행복을 위해서 입천제와 천인합체의식을 행하는 것이 아니라 임기가 끝나기 전까지는 이 나라와 이 나라 국민이 자신으로 인하여 조금은 더 안락해야 하기에 입천제와 천인합체의식을 행하여 귀한 대통령 육신의 몸으로 어떤 귀신도 들어오지 못하게 하여 귀신이 아닌 진정한 대통령 육신이 이 나라를 이끌어야 이 나라가 잘된다.

대통령뿐만 아니라 중요 직책을 맡은 주요 인물들은 필히 입천제와 천인합체의식을 행한 뒤에 업무에 임해야 본인은 물론 주위에도 피해가 없게 된다.

입천제와 천인합체의식은 개인의 행복과 야욕을 채우기 위한 작은 의식이 아니라, 개인은 물론 자신 주위에 있는 모두를 이롭게 하는 진정으로 아름다운 의식이다.

지금까지 종교에서 행한 종교의식들은 개인의 야망과 개인의 출세를 채우기 위한 못된 의식들이었다.

개인의 야망과 개인의 출세를 위한 못된 의식.

절대로 하늘은 그런 사람들에게 복 안 준다.

인간 본연의 맑고 깨끗하고 순수한 마음으로 돌아가 자신은 물론 자신 주위의 사람들까지도 이롭게 한다는 마음으로 입천제와 천인합체의식을 행할 때 하늘께서는 기뻐하시며 그런 사람에게 복을 준다.

귀신들은 성공한 사람, 부자인 사람도 좋아하지만 귀신들은 수많은 사람들에게 대우받는 종교교주와 수많은 사람들이 모여 있는 종교를 좋아한다.

귀신들이 좋아하는 종교에 자꾸 나가면 귀신이 자신들에게 달라붙기에 종교에 함부로 나가지 말라고 하는 것이다.

이렇게 인간 각자의 몸에 구원받지 못한 각자의 조상님과 귀신들이 들어와 인간과 동고동락하고 있는 것이 현 상황인데, 이 상태에서 도통을 이루고자 주문수행 정진하고 있다.

웃기지 않은가?

무슨 귀신들이 도통을 한단 말인가?

각자 몸에 들어와 있는 귀신과 이별하지 않는 한 도통은 몇천 년의 시간이 흘리도 영영 불가능한 일이다.

자신의 몸에 조상님과 귀신이 들어와 있는 상태에서,

기도 열심히 하고, 주문수행 정진 열심히 하면,

도통이 이루어지는 것이 아니라,

자신의 몸에 있는 조상님과 귀신과 점점 하나가 되어갈 뿐이다.

그러다 보면 영영 귀신의 세계에 갇혀 나오지 못하게 된다.

자미국을 통하여 조상님과 귀신과 영영 이별하는 입천제의식을 행한 뒤 나는 누구인가를 찾는 천인합체의식을 행해야 도통을 이룰 수 있다.

다시 한 번 말하지만,

구원받지 못한 각자의 조상님과 귀신이 인간의 몸 안에 있는 상태에서는 절대로 도통을 이룰 수 없고, 인간의 정신, 마음, 건강, 행복 이 모두를 소리 소문 없이 모두 **빼앗겨** 최소한의 인간의 삶도 살 수 없게 되는 경지까지 이르게 된다.

이 책을 보는 도교인과 대순도인들!

아직 조금이라도 인간의 정신이 남아 있는 상태라면 지체 없이 자미국으로 와서 귀신들과 이별하는 입천제의식을 행하여 인간의 삶을 찾고 진정한 하늘을 찾아야 한다.

여러분의 인생은 지금 어디로 가고 있나요

인간 모두는 육신의 부모님을 통하여 이 세상에 태어났다.
육신의 부모님 없이 이 세상에 혼자 태어난 사람은 단 한 명도 없다.
잘난 자도 못난 자도,
어느 누구를 막론하고 육의 부모님이 있다.
어느 누구에게나 육의 부모님이 있듯, 인간의 마음 안에 있는 영!
우리 인간에게 육의 부모님이 있듯, 영에게도 영의 부모님이 있다.
육의 부모님의 보호와 사랑 없는 인간사의 삶.
매우 힘들고 메마른 인생이다.
영의 부모님의 보호와 사랑 없는 인간사의 삶.
매우 위험한 인생이다.
육의 부모님이 자손들의 불의의 사고와 마음 안의 영까지 챙겨줄 수는 없다.
남자가 여자보다 잘났다 해도 여자를 대신해 남자가 직접 아기를 잉태하여 아기를 낳을 수는 절내로 없듯이,
육의 부모님이 자식을 아무리 사랑한다 해도 자식 마음 안에 있는 영의 부모님 역할까지 할 수는 없다.
천인합체의식은 인간육신이 이 땅에 살아 있을 때 자신 영의 부모님을 찾는 의식이다.

천인합체의식을 통하여 자신 영의 부모님을 찾고 나면 그동안 인생을 살면서 그 무엇으로도 채워지지 않아 끝도 없이 방황했던 인간의 마음이 하늘의 보살핌으로 안정이 되고, 항상 텅 빈 것 같아 외롭고 쓸쓸했던 인간의 마음은, 하늘의 가득한 사랑으로 외롭지 않고 쓸쓸하지 않은 기쁜 인생을 살게 된다.

또한 불의의 사고에 직면했을 때, 하늘의 대능력으로 불행한 사건사고의 주인공이 되지 않고 불의의 사고에서 구원받는 대상이 된다.

종교에서 전했듯이 하늘을 날아다니고 천지조화를 본인들 스스로 부리고자 도통, 신인합일, 원신합체를 하는 것이 아니라, 우리 인간은 자신의 인생과 가족들의 인생에 대하여 한 치 앞도 알 수 없다.

수많은 불의의 사고(자살, 사고, 심장마비, 관재수)들 속에서 자신과 자신 가족들을 어떻게 지켜낼 것인가?

인간의 능력으로는 역부족이다.

사랑하는 가족이 자신의 집에서 자살을 시도해 저승길로 떠나가고 있어도 인간은 그것조차도 감지하지 못하여 저승길로 떠나가는 사랑하는 가족들을 붙잡을 수 없으니 이 얼마나 허망한 일이던가?

또한 공들이고 공들인 자신의 사업체, 자신의 출세.

이 모든 것들도 하루아침에 물거품이 되어 자신의 곁을 떠나버리는 가슴 아픈 현실.

이런 인류를 하늘께서 불쌍히 여기시고 인류를 갑작스런 죽음(자살)의 굴레, 종교의 굴레, 악의 굴레, 불의의 사고에서 구원하여 주시고 살려주시고자 천인합체의식을 자미국을 통하여 행하여 주고 계신다.

천인합체의식을 행하고 나면,

삶의 의욕을 잃었던 사람들은 삶의 희망을 얻게 되고,

우울증도 사라지게 되고,

매사불성이었던 사람들도 매사성실, 매사의욕으로 바뀌게 되고, 불의의 사고가 일어나는 장소에서는 하늘의 대능력으로 피하게 되어 안전하게 되고,

인간의 몸 안에 있는 귀신들 모두를 소탕하여 주시니 말실수, 자만의 일, 인정머리 없는 짓을 하지 않으니 저절로 주위에 많은 사람들이 자신을 좋다 하며 따르게 되니 자신의 뜻한 바가 순조롭게 잘 진행되고 일에 능률도 오르고 출세도 빠르니 인간의 삶을 살면서 걱정할 일이 뭐가 있으랴?

또한 천인합체의식을 행하면!

육신의 부모님을 통하여 이 세상에 태어나 대한민국이라는 국적을 가지고 육신의 삶을 살듯이,

육신의 삶이 다하면 구천세상 방황하는 불쌍하고 가련한 귀신 신세가 되는 것이 아니라 하늘나라 자미천궁이라는 국적을 갖게 되어 육신의 삶이 다하면 하늘나라 자미천궁이라는 나라로 태어나 하늘님, 신명님, 미륵님 곁에서 귀신들의 방해받지 않으며 편하게 살게 되는 의식이다.

천인합체의식은 하늘의 국적을 갖게 되는 의식이고, 그동안 잃어버렸던 영의 하늘 부모님을 찾는 고귀한 의식이다.

천인합체의식을 살아생전 행하지 않아 살아서 하늘 국적을 못 지니게 되면 죽어서도 나라 없이 구천을 떠돌아다니는 불쌍하고도 가련한 귀신 신세, 방랑자 신세 된다.

살아생전 대통령을 했든, 장관을 했든, 종교교주를 했든 그 아무

리 대단한 직책도, 억만 재산도 사후세상에서는 자신의 직책, 자신이 지녔던 억만금 모두 아무 소용없다.

　살아생전 천인합체의식을 행하여 살아서도 죽어서도 하늘의 국적을 지녀야 살아서도 죽어서도 하늘의 보호와 사랑받아 행복할 수 있다.

　살아생전 기도 많이 하고 하늘 찬양 많이 하고 천도재 많이 올리고 주문수행 많이 하고 불교 경전, 성경책 많이 읽는다고 하늘께 구원받는 것이 아니라 하늘의 뜻에 따라야 구원받을 수 있다.

　한국에서 살려면 한국의 법을 지켜야 하고,

　미국에서 살려면 미국의 법을 지켜야 그 나라에서 살 수 있듯이 육신의 삶이 다한 다음에 최고의 하늘인 천상 자미천궁으로 오르고 싶은 사람들은 살아생전 입천제와 천인합체의식을 행하라는 하늘의 법도를 따를 때, 육신의 삶이 다한 후에 천상 자미천궁으로 올라 잘살 수 있게 된다.

　살아생전에 육신의 부모 없으면 고아가 되듯,

　영의 부모가 없으면 이 넓은 세상에 고아 되는 것은 당연 이치이고, 살아생전 집 없으면 거지 인생 되듯이,

　육신의 삶이 다한 다음에 자신이 머물 수 있는 하늘 집 없으면 거지 신세 되는 것 또한 당연 이치다.

　인간의 몸 안에 있는 각자의 영들은 이 사실을 알기에 인간육신이 살아 있을 때, 하늘의 명을 받들고자 인간육신을 데리고 자미국으로 오고자 할 것이다.

　그러나 인간육신들이 자신 마음 안에 있는 영의 마음을 못 알아듣고 자미국으로 오지 않으면 인간육신의 삶을 힘들게 해서라도 자신의 뜻을 전하고자 할 것이다.

자신 마음 안에 영이 인간의 삶을 흔들어 대기 시작하면 그 파장은 굉장하다.

인간의 몸 안에 들어와 있는 각자 조상님과 귀신들의 풍파도 굉장하지만 자신 마음 안에 있는 영의 풍파도 굉장하다.

그러나 종교에서는 인간 마음 안에 각자 영의 마음을 모른다.

각자의 진짜 영들은 인간 육이 이 세상에 올 때,

육과 함께 탄생한 제2의 자신들이기 때문에 천도재와 굿, 기도를 한다고 해서 떨어져 나가는 존재가 아니다.

인간 육과 함께 이 세상에 태어났듯이, 인간 육의 삶이 다 되어 인간 육이 죽어야만 인간 육과 분리될 수 있는 영원한 제2의 각자 자신들이다.

그렇기 때문에 인간의 마음 안에 있는 자신의 영들이 자신의 삶을 뒤집는다 해도 제2의 자신인 영을 떼어낼 수 있는 방법은 없다.

제2의 자신인 자신의 영을 잘못 건드리면 귀신 잘못 건드린 것보다도 더 흉측한 일들이 자신의 인생과 가족들의 삶으로 일어나게 된다.

천도재나 굿, 기도하러 가서 자신의 영인 줄도 모르고 자신의 인생을 힘들게 하는 자신의 영이 악귀잡귀 귀신인 줄 알고 내쫓는다고 잘못 부정을 치거나 잘못 천도를 하거나 잘못 굿을 하다 보면 그 고통의 여파는 굉장하다.

종교교주의 눈에는 인간의 몸 안에 있는 보이지 않는 존재가 각자의 조상님인지, 인연 없는 귀신인지, 제2의 자신인 자신의 영인지 구분을 할 수가 없기에 그들과 어떤 종교 행위를 한다는 것은 참으로 위험한 일이다.

각자 조상님의 마음, 귀신의 마음, 각자 영의 마음!

이 모두를 정확히 아시는 분은 진정한 하늘 외에는 없다.

또한 각자 조상님이 원하고 바라는 것, 귀신이 원하고 바라는 것, 영이 원하고 바라는 것은 종교교주들이 아는 것이 아니라 이 또한 하늘께서만이 알 수 있는 일이다.

자미국은 조상님, 귀신, 각자의 영이 원하고 바라는 것을 인간육신에게 전달해 주어 인간과 조상님의 싸움을 말리고, 인간과 영의 싸움을 말리고 서로 화해하게 함으로써 인간의 삶이 각자의 조상님으로부터, 귀신으로부터, 각자 영으로부터 자유로워져 인간의 삶이 행복해질 수 있도록 해주는 곳이다.

저자를 통해서 조상님의 세상, 귀신의 세상, 각자 영의 세상에 대하여 조금 알게 되니 그동안 자신들이 종교에서 행했던 모든 것들이 그 얼마나 위험한 일이었는지, 왜 종교의식들을 행하면 자신들의 인생이 더 힘들게 뒤집어졌는지 조금은 알게 되었을 거라 생각한다.

인간이 매일하는 운전도 아차 하고 한눈팔면 순식간에 사고로 이어지는데, 하물며 조상님 부분, 귀신 부분, 영의 부분을 잘못 운전하면 인간의 인생 또한 엉망진창이 된다는 사실을 알아야 한다.

자신의 차 아무한테나 운전하라고 운전키 주고,

어린아이에게 자신이 탄 차의 운전을 맡기고,

자신의 집 키 아무한테나 주고,

자신의 집에 아무나 들어와 생활하게 한다면,

결과는 어찌 되겠는가?

자신의 차 열쇠, 집의 열쇠 아무에게나 주고 아무에게나 운전을 맡길 수 없음은 다 인정하면서, 자신의 소중한 인생은 어찌하여 그리 쉽게 종교에 맡긴단 말인가?

자신의 인생뿐만이 아니라, 자신의 조상님, 자신의 영까지 어찌 그리 쉽게 종교에 빼준단 말인가? 지금까지 각자가 행한 모든 종교의식들이 그 얼마나 위험한 일들이었는지를 이제는 알겠는가?

운전하면서 잠시 한눈을 팔았을 뿐인데 대형 사고로 이어질 수 있듯이,

자신의 인생과 조상님, 영 아무에게나 맡기다 보면 자신의 인생 또한 대형 사고로 이어지게 되고, 자신의 인생뿐만이 아닌 가족들의 인생도 대형 사고로 이어지게 된다.

조상님 세상, 귀신 세상, 영의 세상, 인간세상에 대하여 모든 것에 대하여 다 알고 계시는 진정한 하늘께 각자의 인생, 가족의 인생 점검받고 그동안 잘못된 부분 바로잡아 홀가분하고 기쁜 마음으로 이제라도 인생 새 출발 하고 싶은 사람들은 필히 입천제와 천인합체의식을 행해야 한다.

작은 병도 초기에 고치지 않고 방치하면 큰 병이 되듯이, 이미 잘못된 인생 이제라도 자미국을 통하여 바로잡지 않으면 인간의 고통도 갈수록 더 커져 위험한 경지까지 이르게 되니 저자가 한 말 명심하여 살길 찾기를 바란다.

도교와 대순에서는 많은 세월의 시간 동안 신인합일, 원신합체, 도통을 외치고 있지만 아직도 이루어지지 않고 있다.

도교와 대순에서 외치는 신인합일, 원신합체, 도통보다 몇 차원 높은 것이 천인합체의식이다.

천인합체의식은 인간 육의 삶을 살 때도, 육의 삶이 다한 후에도 세세생생 하늘의 보호와 사랑을 받는 고귀하고도 존귀한, 하늘이 인류에게 내린 축복의 선물이다.

칙칙한 인생 태양보다 환한 인생으로

대개의 사람들이 그렇듯, 저도 고등학교 때까지는 흔히 평범한 학생들처럼 학교에서 가르쳐주는 공부를 하다가 우연치 않은 기회에 고등학교 은사님의 권유로 동국대학교 한의과대학에 86번으로 입학했습니다.

오직 생명을 다루고 의도를 구하는 한의사로서, 또 영원히 하나로 통할 수 있는 궁극적 진리를 간절히 구하고 싶은 한 인간으로서, 생명과 존재의 깊은 원리와 진실과 도리를 깨닫고자 하는 구도자 아닌 구도자의 삶을 살고 싶었습니다.

늘 한의학과 나름대로 하늘 도 공부에만 전념하며 생활하다, 내 나이 40세인 2006년 2월에 늦은 결혼을 하게 되었습니다.

결혼한 지 7개월도 안 되어 그동안 잘 지내던 아내가 손써 볼 겨를도 없이 갑자기 유산우울증으로 대전 친정집으로 혼자 말없이 내려가 자살 충동을 일으켰습니다.

엎친 데 덮친 격으로, 제가 정신적으로 그토록 믿고 의지하던 경주 모친은 폐암3기로 발견되고, 그 후 3개월 후쯤 제가 가장 사랑하던 연천 모친은 대장암 3기로 발견되는 등, 하늘이 무너지고 땅이 꺼지는 듯한 아득함과 청천벽력 같은 일을 겪으면서 인생이 인간의 노력과 도 공부 하늘공부만으로는 되는 것이 아님을 다시 한 번 뼈저리게 절감하게 되었습니다.

그 후 연천 본가에 기거하며 연천 모친을 치료하고, 주말에는 경주로 내려가 경주 모친을 치료하기를 수개월간 계속하였습니다. 그런 나의 치료와 기도에도 불구하고 2007년 7월에 경주 모친을 먼저 여의고, 같은 해 10월에 연천 생모마저 여의게 되었습니다.

사랑하는 사람을 약으로도 기도로도 지키지 못함에 정말 괴로웠고 그동안 내 나름대로 최고라고 여겼던 도의 세계에 어떠한 회의를 느끼기 시작했습니다.

그 무렵, 우연한 기회에 자미국을 알게 되었습니다.

가슴에는 슬픔을 안고 가방에는 그동안 하늘공부 열심히 하면서 내 나름대로 알게 된 하늘세계를 도면으로 그려놓았던 하늘세계의 도면을 자랑스럽게 들고 자미국을 방문하였습니다.

자미국에 도착하니 그때는 그분이 누구인지 잘 몰랐지만 사감님이 나의 상담을 해주셨습니다.

나는 상담을 하면서 그동안 오랜 세월 하늘공부, 도 공부 열심히 하면서 내 나름대로 터득하게 된 하늘세계의 도면을 사감님께 드리면서 "하늘세계 펼치시는데 도움이 되시라고 제가 준비한 귀한 하늘세계 도면을 가지고 왔으니 보세요. 자미국 세우는 데 많은 도움이 되실 겁니다"라고 하면서 사감님께 드리자,

사감님은 냉정한 표정으로 바뀌시더니,

"이런 거 다 필요 없다"고 하면서 보려고도 하지 않는 것이었습니다.

나는 속으로

"내가 오랜 세월 얼마나 지극 정성으로 하늘공부, 도 공부 열심히 하며 밤잠도 안 자고 완성한 귀한 도면인데, 보지도 않고 저러셔. 참 이상한 분이네. 내가 완성한 하늘 도면 보고 나면 어떻게 이

대단한 걸 알아냈느냐고 달라고 할 거"라고 투덜거리면서, "그러지 말고 한 번 보세요. 하늘의 뜻 전하시는데 많은 도움이 될 것입니다"라고 하자,

사감님은

"난 안 봐도 본인이 얼마나 말도 안 되는 하늘 도면을 그렸는지 알고 있어요. 그렇게 말도 안 되는 것을 하고 있으니 인생이 힘들어지지 왜 힘들어지겠어요? 인생에 아무 도움도 안 되는 그거 버려요.

그리고 하늘 완성도에 대해서는 천상의 천상도감(미륵)님이 알고 계시지 본인이 어떻게 알아요. 그동안 수많은 사람들이 옳다고 행한 모든 것들이 다 잘못된 거니까 됐어요. 그리고 본인이 그린 하늘 도면은 자미국에 아무런 도움도 안 되니까 가지고 가세요"라고 하시는데, 그 당시 사감님의 그 말들이 얼마나 섭섭했는지 모릅니다.

그래서 나는 또다시,

"내가 그린 하늘 완성 도면을 도 공부하고 하늘공부 하는데 주면 얼마나 좋아들 하고, 도움 많이 됐다고 칭찬들이 자자한데요"라고 말하자,

"그럼 거기에 갖다 줘요.

난 인간들의 이론, 종교의 이론이 아닌 오직 하늘께서 전하여 주시는 것만 믿고 따르니까요. 그리고 본인이 추구하는 하늘과 자미국에서 행하는 하늘세상은 너무 달라요. 그렇게 잘못된 도 닦고 하늘공부하면 인생만 고달파지니까, 이제 그만하고 조상님 입천제나 하세요.

조상님 입천제가 본인이 말하는 도 실현의 첫 번째이고, 하늘공부 입문의 시작이에요. 하늘 도면 잘 그린다고 하늘께 잘했다고 칭

찬받는 것 아니에요"라고 하시는 것이었다.

　정말 내가 알았던 도의 세계, 하늘세계와 너무도 다르게 말하는 사감님이 내 입장에서는 이해가 안 되었고, 사감님은 내가 행했던 모든 것들이 잘못되었다고 하시면서 나를 답답히 여기시며 나를 바로잡아 주려고 하였지만, 그 당시에는 사감님의 말씀이 별로 귀에 들어오지 않았습니다.

　내가 몇 가지를 더 이야기하려 하였지만 사감님께서는 내가 너무 잘못된 생각을 많이 가지고 있어 대화가 힘들겠다고 하시면서 입천제하고 싶으면 그때 다시 오라고 했습니다.

　조상님 입천제를 행해서 조상님은 제 몸이 아닌 천상 자미천궁으로, 인간의 생각과 마음을 이상하게 만드는 귀신은 원래 왔던 곳으로 보내고 난 다음에 나 하나만 있어야 대화가 되지, 지금은 제 몸과 마음에 조상님과 귀신이 너무 많아 대화가 힘들다고 하셨습니다.

　그래도 그 당시에는 그 말씀도 이해가 안 갔습니다.

　난 내 나름대로 정직하게, 올바르게, 양심적으로 살고 있다고 자부하고 있었고 귀신은 도 공부, 하늘공부 안 한 무식한 자들에게나 있다 생각하고 있었으며 그렇게 도 공부하는 곳에서도 배웠는데, 내 몸에 조상님과 귀신이 들어와 있어 나와 대화가 안 통한다니!

　정말 처음 들어보는 나에 대한 쓴 소리의 말씀들!

　기가 막혔습니다.

　그동안 내가 다녔던 도 공부, 하늘공부 하는 곳에서는 내가 대단한 사람이고 맑고 깨끗하고 양심적인 사람이라고들 했는데, 사감님께 들은 나에 대한 쓴 소리!

　솔직히 이 세상에 태어나 이런 쓴 소리는 처음 들어봅니다.

　학교 때도, 한의사를 하면서도, 흔한 말로 누구한테도 이런 소리는 처음 들어봅니다.

  그리고 모두는 도 공부하는 나에게 잘못되었다고 말한 사람도 없었고 도 공부 잘못하면 인생 힘들어진다는 말도 해준 사람이 없었습니다.

  도 공부, 하늘공부하는 곳에서는, 도 공부 하늘공부 열심히 함이 하늘에 대한 예의라고 가르쳐주어 일심으로 행한 것인데, 그 모든 것이 잘못되어 부인도 모친도 그렇게 된 것이라고 하니 사감님을 만난 잠깐의 시간이었지만, 기분이 나쁘다면 나쁘게 사감님을 만났고 그렇게 사감님과 헤어졌습니다.

  나의 생각과 너무도 다른 자미국을 내 발로 다시 찾아가는 데는 조금의 시간이 필요했습니다.

  그래도 자미국에서는 다른 종교에서처럼 내가 자미국에 안 가고 있어도 나에게 연락을 해서 왜 안 오느냐고? 어서 오라고 강요, 회유의 어떠한 전화도 없었습니다. 그런 자미국에 은근히 매력이 느껴졌습니다.

  그래서 몇 개월 동안 자미국으로 갈까 말까? 고민 중이던 나는 내 발로 다시 자미국을 찾아가 입천제에 대하여 상담을 하고 2008년 1월 3일 입천제를 행하였습니다.

  입천제를 행하고 집으로 돌아와 자려고 누웠는데 제 몸속의 세포 하나하나에서 마치 검은 기운이 다 빠져나가는 것이 영감으로 보였고,

  오랜 세월 항상 무겁던 마음도 가뿐해졌으며 날이 갈수록 지금까지 제가 살아오면서 제일 잘한 것이 하나 있다면 그동안 했던 도 공부, 하늘공부가 아닌 자미국에서 행한 조상님 입천제라는 생각이 들면서 조상님 입천제 잘해 드렸다는 생각이 우뚝 우뚝 마음 뿌

듯하게 들었고, 여러 가지 삶의 변화도 왔습니다.

그간 도 공부, 하늘공부하면서 잘못되었던 제 인생의 모든 것이 하나하나 정상으로 돌아와 인생이 막 빛나기 시작하는 영광을 얻게 되었습니다.

잘못되었던 도의 세계를 벗어나니 그동안 담 아닌 담을 쌓고 살았던 주위 사람들도 만나 사람과도 세상과도 잘 어울리게 되는 기적과도 같은 일이 일어났습니다. 또한 의사로서의 실력도 인정받게 되었습니다.

또한 그렇게 서운하던 사감님의 말씀도 입천제의식 이후에는 고마운 말씀으로 바뀌게 되면서 그동안 내가 옳다고 행했던 모든 것들이 그 얼마나 잘못된 것인지도 알게 되었고, 내 몸에 구원받지 못한 조상님들과 귀신들이 함께 있으므로 그동안의 내 삶이 잘못되었음도 알게 되었습니다.

그 후 위대하신 하늘의 윤허로 천인합체의식까지 하게 되었고, 가정이 없어 마음 한구석이 허전하여 가끔 인황님과 상담도 하며 지내고 있던 2009년 가을.

인황님이 갑자기 전화를 하셔서 부친인 아버지의 천인합체의식을 행하라는 말씀을 해주셨습니다.

솔직히 저는 아버지와 잘 지내고 있지 않았습니다.

그래서인지 아버지의 천인합체의식을 하고자 제 스스로는 생각해 본 적 없을 정도로 아버지와는 기의 남남 사이로 지내고 있었습니다.

자미국에서는 절대로 누군가에게 전화를 먼저 해 입천제의식, 천인합체의식 행하라고 하지 않는데, 저에게 먼저 전화를 주신 것은 아버지에 대한 저의 마음을 미리 아셨기 때문에 전화를 주신 것이니 이 또한 대단한 일이지요?

아버지의 천인합체의식 행하는 날!

하늘에 계신 분들과 지상에 있는 자미인황님.

모든 분들 총출동 하시어 나이 많은 저 하나 장가보내기에 몰입하신 듯.

엄청난 인간세계의 진실에 대하여 쏟아부어 주시면서 인간세계를 밝히시는데, 그동안 제가 알고 있었던 하늘세계만 잘못되었던 것이 아니라 인간세계도 다 잘못되어 있더군요.

그 모두를 바로잡아 주신 의식을 행한 후,

현재의 아내를 2,3주 안에 만나 사귀게 되었고, 곧 결혼날짜도 잡게 되었으며, 평소 무언가 벽이 있어 소원하게 지내던 아버지와도 신기할 정도로 자연스럽게 지내게 되는 이변과 기적이 제 인생에 일어났습니다.

제 나이 46살. 아내 나이 42살.

늦은 나이지만 하늘의 크신 사랑으로 결혼하여 쌍둥이 아이도 갖게 되는 영광을 누리게 된 지금.

예전에 '도' 공부를 할 때는 뭔지 모르게 칙칙하고 암울한 인생이었다면 지금의 내 인생은 밝고 희망적인 인생이라 너무 변화된 내 인생에 너무 기뻐 가끔은 정말 내 인생 맞나? 하는 생각도 하면서 지낼 정도로 천지개벽이 일어났습니다.

처음에 사감님께서 저에게 "도 공부, 하늘공부 잘못하면 인생 더 힘들어지니까, 인생 더 힘들어지기 전에 도 공부하면서 지니게 된 하늘 도면과 이론 모두 갖다 버려"라고 하신 그 깊었던 말씀의 의미도 이제는 알게 되었습니다.

그동안의 도 공부, 하늘공부는 인간의 삶과 생각, 가족 이 모두가

소리 소문도 없이 죽어가는 공부였다면,

자미국의 하늘공부인 입천제, 천인합체의식은

인간의 죽은 삶, 죽은 생각, 죽은 가족을 살리는 공부라 할 수 있고, 정말 세상에서 처음 보는 신기하고도 경이로운 도통이라 할 수 있습니다.

인간의 살아 있는 삶을 소중히 여기며 소중히 지킬 수 있도록 해주시고 다음 생까지 책임져 주는 지상 최초의 자미국.

죽은 사후세상과 영의 세상, 하늘세상만 외쳐대는 기존의 종교세상과는 하늘과 땅 차이임을 알게 되었습니다.

자미국을 알기 전에는 기도 열심히 하고 하늘공부, 도 공부 열심히 하고, 촛불 발원 많이 하고, 주문수행 정진 많이 하고 성금, 헌금 많이 올리고 종교행사에 잘 참석하고 교주들 말 잘 들으면 인간이 하늘께 받은 은혜와 사랑에 보답하는 참다운 길인 줄 알았습니다.

어떤 종교에서도 종교교주들의 삶과 임원들의 삶보다 우리 개개인의 삶을 소중히 여기며 개개인 가족을 소중히 여기어 준 종교는 이 세상에 없었습니다.

도 공부, 하늘공부 하는데 가족 누군가가 도 공부에 방해가 되면 종교에서는 헤어지게 하였습니다.

하지만 자미국에서는 내 자신조차도 버렸던 나의 인생, 나의 조상님, 나의 아버지 모두를 찾아다 내 품에 안겨주시며 그동안의 내 마음과 생각,

이 모든 것들이 그 얼마나 잘못되었는지 스스로 깨닫고 인정할 시간도 주시고, 기존의 종교세상에서와는 다른 진정한 하늘세계의 진실을 듣게 하심으로써 하늘을 진정으로 열망한 자들의 가슴을 따뜻하고 포근하게 감싸 안아주심으로써 소중한 인생 방황하며 인생 허

비하지 않도록 해주시는 너무도 자상하신 하늘세계의 자미국!

자미국을 알기 전에는 도 공부하러 다니는 내 자신의 모습이 무슨 큰일이라도 하는 것처럼 마냥 자랑스러웠었는데, 자미국을 통하여 하늘의 진정한 진실을 알고 나니 위대하신 하늘 앞에 한없이 부끄러웠던 내 자신을 발견합니다.

살아생전 자미국을 못 만나, 하늘께서 원하신 인간의 삶을 못 살다 죽게 된다면, 죽은 후에 내 자신 인간의 삶이 그 얼마나 초라했는지를 알게 된다면 하늘 앞에 부끄럽고 부끄러워 어찌한단 말입니까?

하늘께서는 말씀하셨습니다.

하늘께서 주신 인간의 삶!

최대한 행복하게, 최대한 건강하게 잘 살다가 육신의 삶이 다하면 천상 자미천궁으로 오라고 하십니다.

세상 어디에서 이토록 따뜻한 말씀을 듣는단 말입니까?

다른 종교는 수시로, 때때로 종교 모임을 가지면서 설법과 설교를 하는데, 자미국은 몇 달에 한 번 기도회와 의식을 통해서만 만나게 되는, 이 또한 종교와 완전 다른 모습입니다.

이 부분에 대하여 사감님의 말씀은,

"나도 자미국 사람들을 다른 종교인들처럼 자주 불러 자주 만나면 좋지만, 그러면 각자 가족들은 어떻게 해?

각자 나름대로 바쁜 일상을 지내다 보니 평일에는 가족들과 여유 있게 함께할 시간도 없는데, 주말에는 가족들과 바쁜 일상으로 인해 함께하지 못한 가족들과 여유의 시간을 가져야지, 주말에 다들 자미국에 와 있으면 가족들과는 언제 함께해. 그래서 종교처럼 주말에 부르지 않는 거야"라고 하십니다.

세상에 이런 말이 어디 있습니까?
종교에서는 한 번만 참석을 안 해도,
벌 받는다.
게을러졌다.
사탄의 음모다.
시험에 빠졌다.
가족들이 더 중요하더냐?라고 말하는데,
"주말에는 사랑하는 가족들과 함께하면서 평소에 못 챙긴 가족 챙겨라"라고 말하는 자미국이야말로 기존 종교와는 완전 다른 진정한 하늘의 궁전입니다.
산 인간의 내 삶과 다음 생의 삶까지 함께해 주신다는 인간을 향한 하늘의 약속 실현인 천인합체의식.
종교에서, 도에서 말한 도통, 신인합일, 원신합체와는 감히 비교도 할 수 없는 인류 최초의 인간과 하늘이 함께 소통하는 천인합체의식을 찾으시어 실현하고 계시는 인황님과 사감님은 우리 인류의 진정한 구원자이시고 우리 인류 모두가 기다린 제2의 예수님이자, 석가님이자, 상제님이 분명하십니다.

원 많던 인생이 행복 넘치는 인생으로 재창조

1975년 12월 28일.

친구들보다 결혼은 늦었지만, 남편의 직장은 안정적이고 경제적으로도 여유가 있어 마음 편히 행복하게 결혼생활을 시작했다.

결혼을 하고 난 후,

얼마의 시간이 지나자 집에 혼자 있는 것이 너무 적적하여 남편에게 직장을 나가겠다고 얘기하니 남편은,

"나 만나기 전에 객지에서 누구의 간섭도 안 받고 당신 마음대로 살았으니 이제부터는 가정이 무엇인지 알아야 해. 당신이 가정이 무엇인지 진정으로 알고 나면 그 후에 당신의 좋은 직장은 내가 구해 줄게"라고 하면서 직장생활을 못하게 하였다.

그리고 얼마 후 자식이 연년생으로 태어나 직장은 자연스럽게 다닐 수 없는 상황이 되어 남편의 말대로 가정에만 충실하게 되었다. 나의 직업은 약사다.

약사다 보니 남편을 만나기 전, 난 약국이나 병원 약제실에서 일을 하였다. 그러다 지금의 남편을 만나 살림을 하자니 살림에 있어서는 모든 것이 서툴고 남들보다 힘이 더 들었다.

나 자신의 몸은 자주 아팠고, 아이들도 자주 아파 남편 월급의 반은 병원비로 쓸 정도로 우리 가족은 돌아가며 항상 아팠다.

1981년 12월 1일 새벽 남편은,

출근할 자동차의 시동을 걸어놓은 뒤, 잠깐의 시간이 남아 팔굽혀펴기를 하던 도중 갑자기 쓰러져 병원으로 이송되었지만, 수술도 못해 보고 아무런 유언의 말도 못하고 남편은 그렇게 내 곁과 아이들의 곁을 허무하게 떠나갔다.

그때 내 나이 35살.

아들은 5살, 딸은 4살. 정말 모든 것이 너무 막막했고 그저 죽고만 싶었다. 자식만 없다면 남편 따라 죽기라도 할 텐데….

내가 뿌린 씨앗 내가 책임지고 가르치고 잘 키워야 하는데 너무나 졸지에 당한 일이라 기가 막힌 현실 앞에 눈물만 하염없이 흘러내렸다.

결혼하기 전에는 아픈 데도 별로 없었고, 병원이나 약국을 스스로 찾아다니며 내 직장을 내 나름대로 잘 구해 일하며 잘 지냈었다. 그러다 경제적으로 안정적인 남편을 만나 온실 속의 가냘픈 화초처럼 살았다.

남편이 저 세상으로 가고 없는 지금,

남편을 대신해서 아이들을 보살펴야 하는데 용기가 안 나고 자신감도 없고 희망 또한 생기지 않는다.

내 자신이 무식하여 남편을 죽인 것만 같았다.

누구도 만나기 싫고 바깥 생활도 하기 싫어 밖으로도 안 나오고 그렇게 하루하루를 반 시체로 살고 있을 때, 텔레비전을 통해서 모 그룹 큰아들이 교통사고로 사망했다는 뉴스를 본 뒤, 내 스스로 위안을 얻었다.

"저 사람은 돈이 없어서 죽었겠는가?

죽을 때가 되면 돈이 있어도 죽는구나.

돌이킬 수 없는 현실이구나.

어느 누구도 죽음을 되돌려 다시 시작할 수는 없구나" 하면서 기가 막힌 내 현실을 스스로 위로하며 다른 이의 죽음을 보면서 남편의 죽음을 받아들이게 되었다.

아무것도 모른 채 천진난만하게 뛰어노는 아이들을 바라보며 난 결심했다.

"오늘로서 나에게 주어진 여자의 인생,

다시 말해 남자에게 보호받고 사랑받는 여자의 인생은 없다.

오로지 엄마로서의 삶만 존재하고, 남은 인생 저 아이들의 엄마로만 이 세상을 살다 이 세상을 떠나리라"라고 굳은 마음의 결심을 한 후 이리 뛰고 저리 뛰어 내 약국을 차리게 되었다.

약국은 생각보다 잘되었다.

그러던 어느 날, 나는 사부 ○○라는 사람을 알게 되어 그때부터 도 공부를 시작하게 되었다.

내가 그 도판에 입문하게 되자 그 도판에 많은 도반들은 나의 약국으로 수시로 찾아왔다. 그러면 나는 그 많은 도반들을 대접하느라 약국 일은 뒷전이었다. 많을 때는 50명이 찾아와 나의 약국에 들어설 자리가 없을 정도였다.

아들 고1 여름방학 때 나는 아들을 그곳으로 보냈다.

나도 약국을 운영하면서 시간이 날 때마다 아들이 있는 그곳으로 가 밤새우며 기 훈련도 받고, 경도 외우고, 사주공부도 하고, 경락 공부도 하면서 지냈다.

그 당시 나는 내가 세상에서 제일 좋은 하늘공부 한다고 자부심에 부풀어 약국을 운영하면서 번 돈 하나도 아끼지 않으며 모두 갖다 바치며 지냈다.

내가 다니던 도판에는 혼자 사는 사람들이 많았다.

부부가 같이 살면 공부 안 하는 사람의 탁기를 받으니 집에 가지 말라고 사부가 도반에게 말을 하여 도반들이 사부의 말을 믿고 집에 안 들어가니 부부 사이가 점점 멀어지게 되면서 결국은 별거와 이혼을 하게 되면서 가정도 없이 도통을 이루고자 도반생활에만 열중하는 사람들이 대다수였다.

아들도 사부의 말을 잘 들으면 도통을 이룰 수 있다고 하여 난 사부의 그 말을 듣고 나 혼자 하는 도통 공부도 모자라 아들까지 그곳으로 보내어 그곳의 생활을 하게 만들었다.

아들은 그곳에서 사슴도 키우고, 개도 키우고, 밭농사, 논농사 모두 하며 밥도 제대로 먹지도 못하고 새벽부터 일을 하고 점심을 먹을 때는 반찬도 없어 고추장에 밥을 먹으며 일을 했고 잠도 제대로 자지도 못하는 나날을 보냈다.

흔한 말로 못난 나로 인해 나의 아들은 도판에 들어가 노예 아닌 노예생활을 하며 불쌍하게 하루하루를 보냈다.

자미국을 만나기 전,

난 그 당시 내가 했던 그 모든 것들을 무척 자랑스럽게 생각하고 있었다.

지금도 자미국을 만나지 못했다면 나와 내 아들은 아직도 그 도판이 진짜인지 알고 여전히 그 생활을 하고 있을 것이다.

난 솔직히 자미국을 만나기 전에는 아들딸들 어느 정도 성장하면 약국 접고 아들딸들과 함께 그 도판에 들어가 내 생이 끝나는 날까지 함께하고자 하는 마음밖에 없었으니까.

난 사부가 늘 말했듯이, 도통만 이루면 모든 것이 다 되는 줄 알았다.

그래서 도통을 이루기 위해서라면 돈을 바침도, 시간을 바침도,

아들을 바침도, 노예생활을 함도 얼마든지 감수할 수 있었다.

친구들보다 늦은 나이에 결혼한 나는 남편과 재미있게도 못 살아보고 자미국을 만나기 전 도판을 만나 도판이 내 제2의 남편이라도 되는 양 나의 모든 것을 바치며 일심으로 30년의 세월을 보냈다.

도판을 알고 난 후 약국을 운영하면서 내가 번 돈으로 내 자식들과 여행도 단 한 번 못 가보고 맛난 음식도 하나 못 먹어보고 좋은 옷도 하나 못 사 입고 내 자신과 내 사랑스런 자식들은 거지 같은 생활을 하며 살았다.

우연한 기회에 자미국을 알게 되어 상담 신청을 한 뒤, 자미국을 방문하게 되었다.

자미국에 도착하니 머리가 길고 날씬한 젊은 여자분(사감님)이 나와서 나를 맞이해 주고 집무실로 안내하여 이야기를 나누게 되었는데, 나도 모르게 눈물이 하염없이 나오는 것이었다.

조금 후에 또 다른 집무실로 안내되었는데 인품이 좋으시고 믿음이 갈 것 같은 분(인황님)이 계셨는데, 그 앞에서도 내 의지와 상관없는 눈물이 계속 흐르는 것이었다.

처음에는 상담하시는 두 분이 누구인지도 몰랐는데, 그냥 보자마자 하염없는 눈물이 흐르는 것이었다.

상담 후 조상님 입천제를 행하는 조공을 구하는 대로 연락을 드리겠다고 약속하고 자미국을 나와 최대한 빨리 조상님 입천제를 해드리고 싶은 마음에 일주일 동안 바쁘게 움직였다.

드디어 6월 6일 토요일 2시에 조상님 벼슬입천제를 행하기로 한 날이다. 1시에 약국 문을 닫고 자미국으로 향하는데 마음이 들뜨고 날아갈 것 같았다.

자미국에 도착하여 보니 준비가 완벽하게 되어 있었다.

풍성한 음식과 과일들이 산해진미를 이루었고, 너무도 정갈하게 준비되어 있었다. 어디에서도 본 적이 없는 장관이었다.

도판에는 더 많은 돈을 가져다주어도 나를 위해서 단 한 번도 무엇을 해준 적 없이 사부가 그냥 다 챙겼었는데, 지금의 이 광경은 너무도 놀라웠다.

자미국에 들어서는 순간 내 마음이 매우 흡족하였고 내 자신 스스로가 참으로 장한 일을 하고 있다는 자부심까지 들었다.

2시에 의식이 시작되면서 30년 전에 내 곁을 떠나간 남편 영혼을 사감님 육신을 통하여 만날 수 있게 해주신다고 인황님이 말씀하셨다.

세상에! 그토록 만나고 싶었던 나의 남편.

30년의 세월 속에 옛 추억이 되어버린 남편이지만 이 세상을 떠나면서, 나의 곁을 떠나면서 단 한마디 말도 못하고 떠나간 남편의 영혼을 만날 수 있다니! 이게 정말 가능한 일인가?

도판에 30년의 세월을 다닌 이유는,

도통을 이루면 죽은 영혼과도 대화가 가능하다 하여 도통을 이루어 남편의 영혼과 단 한 마디의 말이라도 해보고 싶어 그 긴 세월 다녔었다.

그런데 원하고 바란 도판에서는 못 이루고 내가 그토록 원하고 바랐던 남편과의 대화를 자미국의 인황님과 사감님을 통하여 이룰 수 있다니! 정말 남편의 영혼과 한 마디의 말이라도 나누고 싶다는 소원을 가슴에 안은 채 30년의 세월을 살아온 나.

가슴이 벅차올랐다.

자미국에 상담하러 왔을 때도, 오늘 의식 들어가기 전에두 나는 누구에게도 남편에 대해 아무런 이야기도 하지 않았다.

그러나 의식이 시작되자, 사감님께서는 남편이 살았을 때 나한테 한 것과 똑같이 하시는 것이었다. 그 순간 사감님이 보통 분이 아님을 알 수 있었다.

의식 들어가기 전에는 평범하게 계셔서 사감님이 솔직히 어떤 분이신지 몰랐다. 인황님 곁에서 인황님의 어떠한 중요한 일을 돕는 분 정도로 알고 있었는데, 의식이 들어가니 사감님의 실체가 나오기 시작하는 것이었다.

나는 남편 살았을 때의 모습과 남편이 나에게 했던 말들, 남편의 성격, 이 모두에 대해서 그 누구보다 잘 알고 있다.

나는 사감님을 통해서 남편의 영혼을 만나면서 사감님이 남편의 말을 할 때마다 "이럴 수가 있을까?" 하면서 감탄에 감동에 웃고 울고 신기해서 난리가 났다.

흔한 말로 죽은 남편이 살아 돌아왔다고 해도 과언이 아닐 정도로 사감님과 남편은 똑같았다.

30년의 힘든 내 인생이 싹 녹아내리는 기분이었다. 30년의 힘든 삶을 살면서 오늘처럼 기분 좋게 웃어 보기는 처음이다.

도판에 다닐 때는 사부님 앞에서 사부님 말에 무조건 "네, 네"만 하면서 지내고, 사부님 말씀 끝나면 논농사 밭농사 외에 수많은 힘든 일들을 하느라 웃어 보지도 못하고 살았었다.

그런데 정말 자미국과 자미국의 의식은 기존에 종교에서 행했던 것과는 너무도 다른 의식임을 알게 되었다.

그 순간 내 머릿속에는 예전에 남편이 죽어 내가 실의에 빠져 있을 때 텔레비전에 나왔던 모 회장 아들의 교통사고로 인한 죽음이 떠올라 그분들도 자미국에 와서 입천제를 행하면 얼마나 좋을까? 하는 생각이 들었다.

자미국에 와서 입천제를 행하면서 30년의 세월 동안 보고 싶었던 이미 간 남편의 혼을 만나 대화를 나누니 30년 동안 내 가슴에 맺혔던 원과 한, 모든 의문들이 이렇게 시원하게 뻥 뚫리는 데라는 생각이 들면서 다시 모 그룹 회장님 생각이 났다.

그 후 살아서도 죽어서도 하늘의 선택을 받고 도판에서 말하는 도통에 이르는 천인합체의식을 나는 물론 아들딸들도 순서대로 행하게 되었다.

천인합체의식을 행한 이후, 도판에서 오랜 세월 사슴 기르는 일, 개 키우는 일, 밭농사, 논농사에 세월을 바치느라 제대로 된 인간의 삶을 살아보지도 못한 불쌍한 내 아들을 도판에서 꺼내왔다.

아니 위대하신 하늘의 힘으로 꺼내주셨다.

난 자미국을 만나고, 진정한 하늘을 만나기 전에는 나도 내 아들도 내 딸도 인간의 삶을 접고 도판에 들어가 도판에서 행하라고 하는 대로 행함이 맞는지 알았다.

단 한 번도 자미국에 오기 전,

나도 내 아들도 내 딸도 도판에서 꺼내올 생각은 한 번도 한 적이 없었다. 사부는 나에게 내 자식들에게 도반들에게 "가족과 함께 살면 서로 열 받아 치인다"라고 말을 해 나는 자식이 잘되는 것이 소원이라 외로워도 자식들을 도판에 맡긴 채 서로 떨어져 살았다.

도판에 자식을 보러 가서 자식을 만나도 부모와 자식처럼 다정다감하게 만나 얘기를 나누는 것이 아니리 남보디도 디 못힌 사이로 멀리서 서로를 바라보다 헤어지곤 했었다.

그러다 보니 우리 세 가족은 가족이라기보다는 가족 간에 어떠한 벽을 만들어 삼팔선보다도 더 심한 경계선을 친 상태로 서로가 서로에게 다가서지 못하도록 하며 지냈다.

그래야 도통이 이루어지고 서로에게 좋다고 했다.

그렇게 살아온 나와 내 자식들의 삶.

자미국을 통하여 진정한 하늘을 만나니 다 쓸데없는 소리라 하시며 함께 살라 하셨다.

그러면서 도판에 빼앗긴 나의 자식들을 하늘께서는 도판에서 꺼내시어 내 품에 안겨주셨고, 우리 세 가족을 불쌍히 여기시며 보듬어주신 덕분에 도판에서 오랜 세월을 낭비해 인간사에 대해 관심도 없는 아들의 마음에 희망을 주시고 사기를 북돋워주신 덕분에 아들은 도판에서 과감히 나왔다.

하늘의 사랑으로 힘찬 인생 출발하고자 영국으로 가는 영광을 누리게 되었고, 영국에 가서도 하늘의 크신 사랑으로 모든 사람들에게 칭찬을 받으며 하는 일마다 좋은 성과를 올리며 너무도 행복하고 건강하게 잘 살고 있다.

나 또한 칙칙하고 암흑 같았던 삶에서 벗어나 활기차게 살고 있으며, 자식들하고도 어느 가정 부럽지 않을 정도로 편하게 대화도 나누며 서로 잘되기를 진심으로 응원해 주며 가족과 외식도 하며 진정으로 행복한 인간의 삶을 살고 있다.

도판에서는 도통을 이루고자 노예 아닌 노예의 고된 삶을 가족들이 살았다면, 자미국에서는 노예의 삶에서 해방된 완전 자유의 삶을 살고 있다. 자미국은 종교와 달라 종교에서처럼 뭐하면 안 된다 하는 규율이 없다.

자미국에서는 오로지 조상님 구원하는 입천제와 천인합체의식을 행한 뒤 행복하고 건강한 인간의 삶을 살다 다음 생에 구천세계 방황하지 않고 진정한 하늘세계 천상 자미천궁으로 올라 세세생생 진정한 하늘과 함께함이 목표이자 이상이라 하시니, 자미국이야말로 우리 인류가 기다리던 진정한 하늘세계의 모습 아니겠는가?

매 순간 순간 너무도 힘들었던 67년 내 인생의 시간들이었지만, 뒤늦게 자미국을 만나 진정한 하늘을 만나 나의 조상님과 나, 나의 자식들 모두가 진정한 구원을 받은 지금의 현실!

이것이 꿈인가? 생시인가? 할 정도로 너무도 감격스럽고 감격스럽다.

30년이란 시간 동안 진정한 정성은 도판에 올리고, 도통의 소원은 자미국을 통하여 이루었으니 이 얼마나 기가 막힌 일인지…. 30년의 세월을 정성 올린 도판에서는 죄인 아닌 죄인이 되어 도판에 끌려간 채 가족 모두 서로 눈치를 보며 비참한 노예 아닌 노예의 삶을 살고, 자미국을 통해서는 완전 자유의 인생, 행복의 인생을 살고 있으니 이 또한 얼마나 기가 막힌 일인가?

정말 자미국에서 행하는 이 모든 것들이 우리가 진정으로 기다린 도통의 완성작이 아닌가 싶다.

자미국을 통하여, 천인합체의식을 통하여 새롭게 태어난 67세 할머니의 활기차고 희망이 넘치고 웃음이 넘치고 이 세상을 살아감에 어떠한 것에도 두려움을 느끼지 않으며 당당하게 사는 인생으로의 변신!

이것이야말로 그 어떤 종교에서도 이룰 수 없었던 진정한 도통이라 사신 있게 말할 수 있다.

얽히고설킨 인생의 실타래를 풀다

끝도 없는 고통, 끝도 없는 천도재.

몇천 년을 기다려도 종교로 하늘은 오지도 않고, '내가 하늘을 찾아가야겠다'라는 결론을 내렸다.

10대, 성당 앞에서 서성거렸다.

20대, 교회 성경 말씀에 몰두해 귀를 기울였다.

30대, 절을 알게 된 이후, 끝도 없는 조상님 천도재를 지냈다.

전국 약 30군데의 절을 다니다가 절의 허점을 느끼며 절을 포기하고 마음공부 하는 곳으로 40대의 인생을 바쳤다.

40대, 내가 누구인가? 나를 찾기 위해 살아 있는 신을 찾아 수련원 30군데를 돌아다니고 인도까지 갔다.

50대, 자미국을 만나 입천제, 천인합체의식을 통하여 모든 궁금증 해결하고 방황하던 내 인생과 방황하던 종교에 종지부를 찍게 되었다.

나는 1956년도에 태어났다. 나는 엄마 젖이 부족해 4살 때까지 유모가 키웠다.

자라면서 친부모 곁을 떠나 4년간 유모 밑에서 키워져야만 했던 이유와 왜 내 인생은 이렇게 시작되었을까?라는 의문이 꼬리에 꼬리를 물고, 나의 궁금증은 더해져만 갔다.

죽음과 삶.

죽으면 어디로 가는 걸까?
나는 누구인가?
사람은 누가 만들었을까?

궁금증을 풀고자 수많은 종교와 종교서적을 보았지만 그 어디에도 해법은 없었다.

난 대학을 졸업한 후 교회에 본격적으로 나가기 시작했다.

웬만한 목사님 설교는 귀에 들어오지 않아 유명한 부흥회 목사님만 쫓아다니며 열심히 기도하고 성경을 공부해도 가슴에 와 닿는 게 없었다.

30대 초반 종교에 관심이 없는 7살 연하의 남편을 만나 4년간 연애 후에 양가 집안의 강력한 반대를 무릅쓰고 결혼했다.

첫딸을 낳고 이듬해 가을밤의 어느 날,

경찰서에서 남편이 음주운전 단속에 걸려 청량리 경찰서 유치장에 있다고 해서 달려갔다.

남편은 술에 취해 자고 있었다.

사건을 해결하려면 합의금이 있어야 하는데 신혼시절이라 돈이 없어 합의를 못해 다시 성동구치소로 넘어갔다.

다음 날 아침 일찍 구치소로 면회를 갔는데, 어떤 여자가 벤치에 앉아 나를 바라보며 왜 왔느냐고 묻기에 사연을 말하니 용한 무당을 찾아가면 해결책을 찾을 수 있다 하면서 명함을 주기에 그 명함을 받아 무당을 찾아가 무당이 시키는 대로 굿을 했다.

굿을 하고 얼마 후 남편은 구치소에서 나오게 되었고, 구치소에서 나온 남편은 예전보다 더 난리를 쳤다.

나는 다시 동네 절을 찾아가 집안 얘기와 굿을 했다고 하니 부처님 정법으로 믿어야지 그런 곳에 가면 큰일 나고, 돈만 거덜 난다고 말했다.

그 길로 3년 조상님 천도를 하기 위해 지장기도, 백중기도, 초하루, 보름기도를 시키는 대로 열심히 다녔지만 남편의 술 주사는 갈수록 태산이었다.

난동을 부리며 심지어는 모두 죽인다고 하면서 칼을 휘두르고, 잠자는 아이 깨워 괴롭히고 날이 밝도록 나를 붙잡아 앉혀놓고 한 얘기 또 하고 또 하고, 생지옥이 따로 없었다.

용하다는 절과 스님을 찾아 전국 팔도 30군데를 돌아다녔다. 절에서 시키는 대로 3천 배 기도, 등 기도, 지장기도, 미륵기도, 새벽기도, 사경, 법문읽기 등 안 해본 것이 없었다.

그러던 어느 날 엎친 데 덮친 격으로 나에게 유방암이 찾아왔다. 교회와 무당집, 절에 온 열정을 바쳐도 더 어긋나기만 하는 나의 인생.

교회와 무당집, 절에 회의를 느끼며 심신수련으로 눈을 돌려, 그쪽에서 시키는 대로 모든 것을 다했다.

그러자 이번에는 아이들에게 문제가 생기기 시작했다.

하루하루가 불안함의 연속이었다. 억장이 무너지는 내 인생에 아픔은 온몸의 살이 찢어지는 고통이었다.

가슴이 미어지고 눈에서 피고름이 흐르는 듯한 처절한 아픔의 연속이었다. 차라리 죽는 것이 낫지 않을까? 하는 생각이 들 정도로 당해 보지 않은 사람은 상상조차 힘들 정도의 아픔이었다.

그러던 어느 날 자미국의 책을 보게 되었다.

'하늘이 살아 있다면 이 책이 맞을 거야' 하고 조금 읽다가 전화로 상담 신청을 하자, 책을 다 읽고 나면 상담 신청을 받아준다 하여 다 읽은 후에 다시 전화를 하여 상담 신청을 한 뒤 자미국을 만나게 되었다.

　수많은 눈물의 세월과 사연을 통째로 가슴에 안고 자미국과의 첫 만남은 이렇게 시작되었다.

　상담을 한 뒤 2007년 7월 조상님 입천제의식을 행하게 되었다. 이미 돌아가신 아버지의 영혼과 대화를 주고받는 자체가 신기하고 어안이 벙벙했다.

　스님, 목사, 무당을 통해 조상님과 산 자손이 구원받지 못함을 아니 구원받는 자체가 불가능한 일임을 안 나는 종교나 수련원에서 내가 그동안 했던 모든 것들이 그 얼마나 바보 같은 짓이었는지를 뼈저리게 알게 되는 순간이었다.

　교회, 절, 수련원에서는 아무 생각, 느낌, 감동도 없이 종교교주들이 시키는 대로 하고 있다가 돌아오는 것이 전부였는데, 입천제의식 내내, 내 의지와 상관없는 어마어마한 통곡의 눈물을 난 흘렸다.

　나의 조상님들과 나의 아버지도 통곡의 눈물을 흘렸다.

　그동안 믿었던 종교에 속았음을 알고 배신의 눈물이 흘러 내렸다. 그동안 믿었던 종교로 인해 더 힘들게 된 내 인생, 내 가족, 내 조상님들을 생각하니 억울하고 분하고 기가 막혀 절규의 피눈물이 흘러내렸다.

　나는 이내 자미국 바닥에 드러누워 아버지 아버지를 부르며 발버둥 쳤다.

　마음 깊은 곳에서는 감사기도가 저절로 되었다.

　온몸으로 이토록 뜨거운 기운은 처음 느껴 보았다.

　그동안 끝도 없는 인간 풍파에 시달리고 지쳐 난 해삼처럼 바닥에 퍼져 살았다.

온몸에 힘이 없고 나른해 길을 걸어도 의식이 맑지 않고 항상 몽롱했다.

의문을 풀기 위해 종교, 수련관, 소리수련, 우주수련, 대순진리회 등 우리나라에 이름난 모든 곳을 한 군데도 안 빠뜨리고 다 다녔다. 전국의 모든 곳을 다니며 그들이 하라는 대로 다 하느라 30억 원의 돈을 썼다.

그러나 그런 나의 삶과 나의 가족에게 돌아온 것은 인간이 감당할 수 없는 아픔과 고통들뿐이었다.

입천제의식 이후 천인합체의식까지 행하게 되었다.

그 후로 항상 복잡하고 아팠던 마음은 평온한 상태로 변하게 되었고 그 많던 근심 걱정도 사라지게 되었다. 살다 보니 나에게도 이런 날이 오는구나! 생각하니 감격의 눈물이 흐른다.

얽히고설킨 내 인생.

얽히고설키어 뒤집어진 내 인생.

"알게 해주시고, 깨닫게 해주시고, 바로잡아 주신 하늘이시여! 당신만이 인류의 진정한 하늘 중에 하늘이십니다"라는 찬사의 말이 저절로 나왔다.

내 잘못은 너무 크고, 그 크기가 우주를 싸고도 남을 만큼 커서 진정한 하늘 태상천존 자미천황님의 용서만이 통한다 합니다.

이런 내 마음 내 자신도 몰랐습니다.

사악했던 내 마음 이제라도 반성하며 살려 합니다.

이미 돌아가신 조상님들.

자신 잘 살아보겠다고 굿판으로, 절로, 수련원 이곳저곳으로 개새끼 끌고 다니듯이 끌고 다니며 되지도 않는 굿과 천도재를 행하며 힘든 조상님들 더 힘들게 하는 못된 짓은 인간으로서는 해서는 안 되는 일이라 하십니다.

　나 하나 잘 살아보겠다는 못된 욕심과 야망으로 힘든 조상님들 종교의 이곳저곳으로 개새끼 끌고 다니듯이 끌고 다니면서 조상님들을 천하게 만들었기에 내 삶도 내 가족도 내가 행했듯이 천한 인생 살게 되었다는 엄청난 진실의 말씀을 전해 주십니다.

　저 뿐만 아니라 저처럼 못된 종교생활 열심히 하며 못된 짓을 하는 사람들의 삶도 천하게 될 것이라고 하셨습니다.

　이 세상에 모든 것은 자신이 뿌린 대로 거두어들임이 천지의 이치에 맞는다고 하시면서, 각자의 인생에 일어나는 고통과 아픔의 실체는!

　다름 아닌 우리들 각자가 행한 그대로의 결과일 뿐이라고 하십니다.

　종교에서 말하듯이,

　각자의 조상들이 천도재와 굿, 기도, 수많은 행사로 인하여 각자의 조상들이 진정으로 극락왕생했다면, 각자 복 받아 잘 살 거라고 하십니다.

　그러나 종교인들의 삶이 아프고 고통스러운 것은, 우리가 행했던 각종 종교의식들로 각자의 조상님들이 구원되지 않았다는 뜻이라 하십니다.

　각자 여러분의 조상님들이 종교의식으로 인해 구원된 것이 아니라 더 힘들어지게 되었기에 종교의식을 행한 우리들의 삶도 더 힘들어지게 된 것이라는 진실을 진정한 하늘 아니시면 누가 알겠습니까?

　난 수많은 종교와 이름난 대한민국의 종교교주 다 만나보았습니다. 그 아무리 이름난 스님도, 목사님도···.

대한민국의 어느 누구도, 세계의 종교인 어느 누구도 이 엄청난 진실을 가르쳐주는 곳은 단 한 곳도, 단 한 사람도 없었습니다.

그동안 인간의 삶이 왜 이리 아픈지?

인간이 지은 죄는 과연 무엇인지?

인간이 지은 죄는 과연 무엇이기에, 이토록 아파야 하는 걸까? 에 대한 수많은 의문에 대한 귀한 정답을 진정한 하늘을 통해 알게 되었습니다.

모든 종교 돌고 돌아오느라 육과 마음은 다 찢어진 옷처럼 너덜너덜해진 초라한 상태의 나.

이런 저를 내치지 않으시고 하늘의 따뜻한 품으로 감싸 안아주심에 감사합니다.

살아생전 종교생활 열심히 하면서 기도 많이 하고, 천도재 많이 하고, 촛불 발원 많이 하고, 경 많이 읽고, 시주 많이 하고, 절 많이 하고, 찬양 많이 하면 복 받아 잘 사는 줄 알고 내 육신 힘든 것 참아가며 열심히 수행정진하고, 먹고 싶은 것 못 먹고 돈 아껴 시주 많이 했는데, 그것이 오히려 화가 되어 제 인생과 제 가족이 이토록 아팠다 하십니다!

세상에, 이런 진실의 말씀이 어디 있단 말입니까?

어느 불교 경전에도 성경에도, 이 세상에 존재하는 수많은 책을 다 뒤져봐도 어디에도 없는 진정한 하늘만이 아시는 위대한 진실입니다.

천도재 많이 하면 스님들 말대로, 도인들 말대로 조상님 편한 곳에 올라 행복하고 자손도 잘되는 줄 알았습니다.

천도재 많이 올린 것이 조상님 이곳저곳 개새끼 끌고 다니듯이 끌고 다녀 조상님들이 더 힘들어졌다 하시니!

세상에! 세상에! 이런 진실 여러분은 알고 계셨나요?

그래서 자미국에서는 조상님 구원을 위한 입천제의식, 각자 일생에 딱 한 번이라 하시니 기존의 종교와 달라도 너무 다른 자미국에 그저 놀라울 따름입니다.

자미국을 알기 전과 자미국을 알고 난 후의 달라진 모습,

몸!

4년간 감기 한 번 걸리지 않고 약과 병원을 멀리하여 신기하다. 나른하고 맥없던 몸에 기운이 나면서 정신도 맑아지고 마음에서는 신바람이 납니다.

마음!

불안, 초조, 불면, 긴장되고 수축되고 짜증나고 화나고 답답했던 마음이 편안함과 담담한 마음으로 바뀌었고, 모든 것에 감사해하는 감사의 마음이 샘솟고 삶에 의욕이 생기고 매사 긍정적인 마음으로 바뀌었습니다.

인간관계!

아이들과 남편을 내 기분 내키는 대로 함부로 대했던 지난날의 못난 내 자신을 돌아보며 진정으로 반성하게 되었습니다.

결혼 초부터 내 마음을 아프게 한 남편! 종교에서는

"만나서는 안 되는 사람을 만나서 그렇다.

남편에게 나쁜 기운이 너무 많아 가까이 하면 평생 고생한다.

전생에노 원수 사이였다.

남편의 죄는 너무 많아 지옥 갈 사람이다.

남편과 함께하면 나 자신도 아이들도 모두 망가진다.

하루라도 빨리 헤어짐이 살길이다"라고 말을 해서 자미국을 만나기 전 종교에서 가르쳐준 대로 남편과 이혼하고자 이혼 서류에

도장을 이미 찍어놓은 상태였지만, 입천제와 천인합체의식을 행한 후 이혼 서류도 원상 복구하여 한 집에서 행복하게 같이 살고 있습니다.

남편의 모든 부분이 다 밉고 싫었는데, 그토록 미웠던 남편이 좋아지니 엄청난 하늘의 대 능력이십니다. 깨어진 가정 다시 찾아 행복하게 서로 아껴주며 사랑하며 살게 되었습니다.

돈!

벌어도 돈이 모아지지 않고 어디로 새는지 온데간데없고, 20년간 은행 이자 낸 것이 원금 이상입니다.

돈이 생겨도 꼭 쓸 일이 생겨 나가버리니 밑 빠진 독에 물 붓기 식이었습니다. 20년간 번 돈을 이 종교 저 종교에 다 주고 나니 반대로 은행 빚이 10억 정도였는데, 어느새 다 정리되고 큰 빚도 없게 해주셨습니다.

집!

20년간 15군데를 이사 다니며 거지처럼 살았는데 지난 8월 60평 빌라로 이사 와서 넓은 곳에서 내 생애 처음으로 사람처럼 살고 있습니다.

잠!

가위에 눌리고 꿈자리가 시끄럽고 잡다한 꿈을 많이 꾸어 자고 나도 항상 피곤했는데, 꿈자리가 깨끗하여 숙면을 하니 아침에 일어나면 개운하고 상쾌합니다.

하늘공부!

사후세계, 조상님의 세계, 전생, 현생의 세계, 신의 세계, 하늘세계에 대하여 어려서부터 남다르게 궁금한 부분이 많아 궁금증을 해결하고자 이 종교 저 종교 다니며 내 인생의 청춘을 다 보냈는데, 자미국에서는 내가 궁금히 여기는 모든 부분에 대하여 명확하게 답을 주시니 어려서부터 궁금하게 여겼던 모든 부분들을 알게 되면서 더 이상 종교 방황을 하지 않는 인생을 사니 너무 기쁘고 행복합니다.

비극 인생의 정체

인정받는 천인의 삶으로 변신한 한 여인의 삶!
부산에서 50대 초반의 여인이 상담 예약 후 상담을 하고자 방문을 했다. 그동안 수많은 사람들을 상담하였지만 오늘 온 여인은 그동안 상담했던 사람들과는 풍기는 인상부터 여러 가지로 모두가 달라 보였다.
겉으로 풍기는 이미지는!
세상에 근심 걱정 하나도 없는 부잣집 귀부인 같았다.
욕심 많고 탐욕 많고 부자를 내세우며 사는 부잣집 귀부인이 아니라, 인정 많고 사랑 많고 부자를 내세우지 않는 정말 인자한 부잣집 귀부인으로 남편에게 사랑을 받으며 손에 물 한 방울 묻히지 않으며 공주 대접 받으며 사는 여인의 인상이 풍겼다.
50대 초반인데도 50대 초반이라기보다는 40대 중반 정도로밖에 보이지 않았고 50대 초반에 안 맞게 청순한 이미지까지 지니고 있었다.
이 여인에게는 고생이라는 단어조차도 어색할 정도로 고생은 하나도 안 하고 살아온, 그야말로 온실 속의 예쁘고 화사한 꽃 같았다. 겉으로 풍기는 인상으로 봐서는 '도대체 무얼 상담하러 왔을까?' 할 정도였다.
서로 인사를 나눈 후 집무실로 안내한 뒤 차 한 잔을 대접했다.

무엇이 궁금하냐는 나의 질문에 그녀는,

"대순은 뭐예요?

이 세상에 대순은 왜 있어요?"라고 답하며 눈가에 작은 눈물이 맺혔다. 대순에 대해서 구체적으로 무엇이 궁금하고 왜 그러느냐고 묻자,

'도'와 하늘에 관심이 많았던 자신은 어느 날 대순을 알게 되었고 대순에서 '도'를 통하게 해주고, 도를 알게 해준다고 하여 자신이 그동안 궁금히 여기고 공부하고 싶었던 부분인지라 대순도인들의 말을 듣고 대순도인들이 하라는 대로 수십 년째 하고 있는데 대순도인들의 말대로 도통이 이루어지는 것이 아니라 갈수록 몸도 마음도 더 힘들어지고 삶도 더 힘들어지고 있다고 하소연을 했다.

삶에 있어 무엇이 힘드냐고 물어보자 여인이 하는 말은,

결혼한 후 얼마의 시간이 지나 사업을 하게 되었고 지금도 사업을 하고 있다고 했다. 남편이 벌어서 자신과 자식을 부양한 것이 아니라 오랜 세월 동안 자신이 열심히 일하고 또 일해서 자식들을 키웠다고 했다.

그래도 자식들과 살아야 하기에 그런 남편을 원망해 본 적도 없고, 아니 자신이 벌어야 자식들을 키울 수 있었기에 남편을 원망할 시간도 없었다 한다. 남편을 원망할 시간도 없이 세상을 원망할 시간도 없이 오로지 가족을 지켜야겠다는 일념 하나로 달려온 자신의 인생.

그렇게 열심히 살다 보니 어느 해부터는 조금씩 자신의 통장에 돈도 모아놓을 정도로 여유 있는 삶을 살게 되었다 한다.

자신은 이른 새벽에 일을 나가 밤이 늦어서야 집에 들어오지만, 그런데도 아이들(아들 1명, 딸 1명)은 나쁜 길로 안 나가고 올바르고 성

실하게 잘 자라 그런 아이들에게 항상 미안한 마음과 고마운 마음 뿐이라고 했다.

남편도 자신의 고생을 알아주며 도와도 주고 위로도 해주면서 이렇게 4가족은 남부럽지 않게 평화로이 잘 살았다 한다.

그 여인의 말을 듣고 있는 나는 그녀의 인생에 조금은 놀라웠다.

정말 겉으로 봐서는 세상에 고통, 고생과는 너무도 거리가 먼 사람으로 보이는데, 얘기를 나누어 보니 온실 속의 화초와는 거리가 너무도 먼 사람임에 놀라웠다.

그러면서 여인은 계속 말했다.

그러던 어느 날 "도를 아십니까?" 하면서 자신의 사업장으로 어떤 낯선 사람이 들어와 도에 대해서 얘기를 하면서 자신의 도장을 소개하고 간 뒤 수시로 사업장으로 찾아왔다 한다.

자꾸 얘기를 듣다 보니 그의 말이 그럴 듯하게 들려, 시간을 내어 그 사람을 따라 대순에 가게 되었고, 그때부터 그곳에서 하라는 대로 모든 것을 일심으로, 열심히 행하며 살았다 한다.

그런데 이상한 것은 대순에 나간 지 얼마 후부터 자신에게 자상하고 사랑스럽게 대해 주었던 남편과 아들이 폭군으로 변하기 시작하였다 한다.

온순하던 남편은 술을 자주 먹게 되었고, 날이면 날마다 "모든 것이 너 때문이야. 인생 똑바로 살아" 하면서 자신을 원망하는 소리와 가슴에 상처가 되는 소리만 하는 남편으로 변하기 시작하였다 한다.

어느 순간부터는 남편과 아예 대화가 불가능할 정도의 악연이 되어 서로 마주치기만 하면 잡아먹을 듯이 으르렁 대기 바쁘고 남편은 심지어 자신에게 손찌검까지 한다면서 엉엉 울었다.

처음에는 손찌검하는 횟수가 적었는데 갈수록 점점 횟수가 늘어 이제는 자신의 손찌검이 잘못 되었다는 것도 모를 정도의 남편으로 바뀌었고, 이런 남편에게 자신이 뭐라 하면,

"다 너 때문이야. 똑바로 해"라고 하면서 소리를 버럭버럭 지르니 자신은 그야말로 미치고 팔짝 뛸 일이라고 했다.

고통은 거기서 끝이 아니라 온순하던 아들도 아빠와 비슷하게 바뀌었다 한다.

어느 날 밤에 일을 마치고 집에 들어가니, 아들이 자신에게 집을 나가라고 악을 쓰며 소리를 질러, 그런 아들의 행동과 말에 기가 막혀 아들에게 한 마디 했더니 식탁 의자를 자신에게 던지려 하며 "당장 나가"라고 소리를 질러 밤늦게 아들에게 집에서 쫓겨나 거리에서 서럽게 엉엉 울었다 한다.

아들은 수시로 술을 먹고 직장에도 안 나가고 자신이 일하는 곳에 전화를 하여 "다 엄마 때문이야" 하면서 악을 써서 자신도 일을 제대로 할 수 없는 상태라 했다.

온순하던 남편과 아들은 날이 갈수록 폭군으로 변해 버렸고, 딸은 우울증 걸린 아이처럼 웃지도 않고 빈 방에 홀로 앉아 말도 없이 하루의 시간을 보내고 있으니 이 노릇을 어찌하면 좋고 방법은 있는지 궁금하여 자미국을 찾게 되었다고 그 여인은 수척한 모습으로 말했다.

그 여인은 그서 "열심히 살고, 열심히 산 죄밖에 없는데, 이런 나의 인생에 왜 이런 일이 생긴 것인지?" 궁금하다고 했고, 또한 '도' 공부도 얼마나 열심히 했는데, 이런 자신의 인생에 왜 이런 비극의 일이 일어난 것인지 이유라도 알고 싶다고 했다.

대순에서는 남편과 아들의 몸에 악귀잡귀가 들어와서 그런 거라

하여 악귀잡귀 쫓는 의식도 하고, 도장 지을 때마다 몇억 원의 성금도 올리고 초하루, 보름 의식 한 번도 빠진 적 없고, 수많은 행사에 한 번도 빠짐없이 참석하며 상제님께 정성을 올렸는데도 남편과 아들, 딸의 상태에 호전이 없었다.

그러자 대순에서 이제는 우리 가족이 헤어져야 될 때가 되어서 그러니 헤어지라고 했다고 하면서, 자신도 이제는 폭군으로 변한 남편과 아들에게 정도 떨어지고 무서워서도 더 이상은 못 살겠다고 했다.

여인의 말에 저자인 사감님과 인황님은 말했다.

"물론 지금 이 상황에서는 남편과 아들이 밉겠지만 어떤 결론을 미리 내리지 말고 입천제의식을 행하여 구천에서, 때로는 자손들의 몸 안에 들어와 함께 생활하고 있는 불쌍하고 가련한 조상님들은 입천제의식을 통하여 천상 자미천궁으로 입천해 드리고 귀신들은 원래 그들이 왔던 곳으로 보낸 다음에 후회 없는 결론을 내리자"고 했다.

그 여인은 그렇게 하겠다고 했고 상담 후 일주일 후에 조상님 입천제의식은 거행되었다.

그녀는 어젯밤 꿈에 돌아가신 자신의 아버지가 군복 차림으로 나타났다 하였다. 자신의 아버지가 노예가 되어 수많은 노예들과 어떤 곳으로 끌려가고 있었는데, 어떤 분이 나타나 아버지 발목에 채워진 노예의 수갑을 풀어주었다.

그러자 자신의 아버지는 노예의 굴레에서 벗어나 자유의 몸이 되는 꿈을 꾸었다고 수줍게 말하면서, 오늘 조상님 입천제를 올리게 되면 자신이 꿈에 보았듯이 자신의 조상님들이 노예에서 벗어나 하늘의 품으로 돌아가게 되는 것 같아 한편 좋으면서도 서글프다고 했다.

 자신은 자미국에 오기 전에 유명한 절에 가서 조상님들 좋은 곳으로 가라고 천도재도 많이 해드렸고, 대순에 가서도 많이 했는데, 자신의 조상님들은 아직도 좋은 곳으로 가지 못하고 자신의 꿈에 보았듯이 아직도 가지 못했다.

 노예 아닌 노예가 되어 노예의 비참한 생활을 하고 계심에 가슴이 미어지고 그동안 자신을 속인 절과 대순은 도대체 무엇이냐고 하면서 아이고! 불쌍한 조상님들 하면서 통곡을 했다.

 의식이 시작되어 조상님들과 만남의 시간을 가졌고, 그 후에 천상의 신명(천상감찰신명)님, 천상도감(미륵)님, 자미인황님의 말씀을 통하여 진실을 듣는 의식이 시작되었다.

 꿈에 본 자신의 조상님들이 노예가 되어 있음!

 네 조상을 노예로 만들어서 끌고 다니는 그 장본인이 누구인지 알고 있느냐고 물으셨고, 네 조상이 왜 노예가 되었는지 알고 있느냐고 물으셨다.

 주인공 여인은 "조상님들이 죄가 많아 죗값을 치르고 있는 중이고, 죗값을 치르러 가고 있는 중인 것 같다"고 대답했다.

 맞다. 세상 사람과 종교에서는 조상님 세계를 대부분 이렇게 알고 있다.

 그러나 높으신 분들의 진실은 그것이 아니었다.

 우리들이 불교에는 석가모니 부처님, 미륵부처님, 지장보실님 등이 계신다고 생각하고 있고, 도교와 대순에는 하늘과 증산상제님, 미륵부처님 등이 있다고 알고 있는데, 사실은 그렇지가 않다 하신다.

 절에는 석가부처님, 미륵부처님, 지장보살님을 가장한 그 누군가가 있을 뿐, 진정한 석가부처님, 미륵부처님, 지장보살님, 상제님, 하늘 모두는 종교 안에 있지 않다고 하시면서, 그들을 가장한 가짜가 있다고 하시었다.

그래서 조상 천도를 하면 가짜들은 천도재 지낸 조상영가들을 자신들 거라 하며 자신들의 세계로 끌고 가, 자신들의 노예로 써먹는다고 가르쳐주셨다.

그래서 이 땅에 사람들이 천도재와 굿, 기도 잘못하고 나면 더 힘들어지고 더 고통스러워지는 이유는?

각자의 조상영가를 못된 자들의 노예로 만들었기에 자신들이 행한 그대로 자신들도 이 땅에서 기도 못 피는 노예의 삶이 되는 것이라고 가르쳐주셨다.

남편과 아들이 폭군으로 변한 이유는?

"종교인의 말대로 남편과 아들의 몸에 악귀잡귀가 들어와서 그러는 것이 아니라, 네가 조상영혼을 구원한다고 절과 도판으로 다니면서 천도재를 지냈기 때문이다.

너의 조상들은 네가 꿈에 보았듯이 그들의 노예가 되어 그들의 노예생활을 하게 되기에, 거기에 화가 난 너의 조상들이 너의 남편과 아들을 통해서 너에게 자신들을 그들의 노예생활에서 꺼내달라는 메시지 전달이었어.

그래도 천도재를 행한 너는 네 조상들이 전하는 긴급 메시지를 못 알아듣고 있어 네 조상들은 갈수록 그들의 노예생활에 지치고 힘이 들자, 남편의 육신을 통해서 조상인 우리가 이렇게 비참한 노예생활을 하는 것은 네가 천도재를 지냈기 때문이니까 '너 때문이야.

너 때문에 우리가 이렇게 비참한 생활을 하는 거야. 인생 똑바로 살아'라고 너의 조상들이 너를 향해서 외치고 있는 것을 네 남편은 무슨 뜻인지도 모르고 자신의 마음에서 떠오르는 대로 '너 때문이야'라고 한 거야.

그러니까 네 남편과 네 아들이 너에게 한 '너 때문이야. 너 때문에 못 살겠어. 집에서 나가' 하면서 모진 소리를 한 것은 남편과 아들의 말이 아닌 노예가 되어버린 네 조상들의 살려달라는 절규의 소리였어.

그래도 네가 조상들의 절규의 소리를 못 알아들으니 더 화가 난 조상들이 남편을 통해 너를 때린 것이고, 아들을 통해 화풀이도 한 것이고, 그래도 네가 못 알아듣자 너의 모든 조상들은 실의와 좌절에 빠져 엉엉 울었어.

그러자 너의 딸은 조상들의 좌절과 실의의 메시지를 받아 우울증 아닌 우울증 걸린 아이처럼 소리 없이 울게 된 거야. 네가 종교에만 안 나갔어도 너의 조상들이 이렇게까지 힘들게는 안 되는 것이었다.

그런데 네가 종교에 나가 종교의식을 하면서 너의 조상영가를 더 힘들게 했으니, 알면서 그랬든 몰라서 그랬든 네가 행한 것이니까 너의 조상님들에게 백 번 천 번 잘못했다고 빌어야 돼.

너뿐만이 아니라 종교인의 삶이 너와 비슷해.

종교의식 잘못 행하고 나면 오히려 더 힘들어지고 더 고통스러워져. 종교인의 삶이 힘든 이유가 바로 이깃이야. 네가 종교생활 하기 전에는 남편도 아들도 딸도 이렇지 않았었는데, 네가 종교에 나간 뒤로 남편도 아들도 딸도 변했으니까 이제는 종교에 함부로 나가 종교의식을 함부로 행하면 어떻게 되는지 네 고통이 삶을 통해서 똑똑히 알았지?

너에게 자미국 책을 보게 하고 자미국으로 오게 한 이유는?

너를 통해서 이 진실을 전달 안 해주면 너와 너의 가족, 너의 조상영가 모두 큰일 날 것 같아서 자미국의 책을 보게 한 후 자미국으로 오게 한 거야.

오늘 이렇게 입천제를 행하니 이제는 됐어.

우리가 (신명님, 미륵님, 자미인황님) 종교의 노예로 잡혀 있는 불쌍하고 가련한 네 조상들, 네가 꿈에 보았듯이 우리가 구원해서 진정한 하늘천상 자미천궁으로 데리고 가 편하고 행복하게 해주면 그동안 서러움에서 벗어난다.

너의 조상영가도 너도, 너의 산 가족들도 행복하게 될 것이니까 아무 걱정 하지 말고 어서 돌아가서 가족들과 행복하게 지내다 너의 소원 이루어라.

네 소원이었던 도통은 바로 천인합체의식이니까 천인합체 하러 다시 와서 도통의 소원 이루어서 마음 편히 행복하게 인간의 삶 잘 살다가 육신의 삶이 다하면 천상 자미천궁으로 올라오면 돼. 이것이 도통이야.

살아서도 근심 걱정 없이 행복하게 살고 육신의 삶이 다하면 천상 자미천궁에 올라 행복한 삶, 이것이 인류가 원하고 바라는 진정한 도통 아니던가?

종교인의 말대로 종교의식(천도재, 기도, 촛불발원, 경문 외우기, 무릎이 까지도록 절하기) 하고 또 하고 죽을 때까지 하고, 가족끼리 아귀다툼하고, 서로 헤어지고, 서로의 가슴을 아프게 하는 것이 도통이 아니다.

이처럼 각자의 조상도 안 아프고 입천제를 행하는 너도 안 아프고 너의 가족도 아프지 않고 서로가 행복한 삶! 이것이 진정한 도통이야.

잘못된 종교로 인하여 종교의 희생양이 되어 아프고 힘들게 산 녀의 삶을 이렇게 만들어줄 것이니, 아무 걱정하지 말고 잘 돌아가 잘 지내다 천인합체의식 하는 날 다시 만나자" 하시면서 천상의 입천제의식은 끝이 났다.

그 여인은 천인합체의식을 하고자 천공을 마련하여 자미국을 다시 찾았고 입천제의식 이후, 그녀의 삶은 정말 천상에서 오신 분의 말씀대로 천지개벽이 되었다 한다.

입천제의식을 행하고 집으로 간 날,

남편은 자신을 반갑게 맞이해 주며 "잘했어. 오늘 수고 많았지? 수고 많았어. 그동안 내가 미안했어. 많이 속상했지?" 하면서 밥 먹으라고 하면서 밥상도 직접 차려주었다 한다.

남편은 부인이 입천제를 행한 것 모른다.

예전에 부인이 대순과 절에 다닐 때도 몰랐다.

부인이 어디를 다니는지도 모르는데 남편은 부인이 행한 대로 그대로 했다.

부인이 잘못된 종교에 갔다 오면 잡아먹을 듯이 냉정했고, 부인이 옳은 곳에 다녀오면 어떻게 알고 공주마마 대접이다.

참으로 희한한 일 아니던가?

이 현실 앞에 조상님과 하늘이 어찌 없다 하겠는가?

어찌 인간이 죄 짓고 살겠는가?

이 책을 보고 계시는 여러분도 이 여인의 삶처럼 종교에 다닌 이후, 여러분의 삶도 이렇게 비참하고 고통의 삶이 되지는 않았는지요?

부산에서 온 여인은 입천제와 천인합체의식을 행한 이후 폭군이었던 남편은 자상한 남편으로 바뀌었고, 아들 역시 착하고 순한 아들로 바뀌어 술도 안 먹고 엄마에게 모진 소리도 안 하고 일도 열심히 잘하는 아들로 바뀌었다 한다.

또한 세상과 담을 쌓고 살았던 딸도 하늘과 구원받은 조상님들이 맺어준 인연과 결혼하여 언제 우울했냐는 듯이 아주 밝게 웃으며 행복하게 건강한 아이도 낳아 세상 근심 걱정 없이 잘살고 있다 한다.

몇십 년 지극 정성 들인 곳에서 얻은 것은 가족 풍파와 육신과 마음의 상처이고, 만난 지 얼마 안 되는 자미국을 통해서 얻은 것은 너무도 많고 많아 그저 감사할 따름이라고 한다.

자미국을 통해서 변화된 자신의 삶과 가족들의 삶.

자신의 삶이 이렇게 변화될 것이라는 기대로 의식을 행한 것은 아니라 한다.

책을 읽고 감동을 받아 상담 신청한 것이고 상담 중에 인황님이 의식을 행하라고 하시기에 그냥 행한 것이지 자신의 삶과 가족들의 삶이 이렇게 변화될 것이라는 기대로 한 것은 아니라 한다.

자신이 자미국에 오기 전 여러 곳을 다녀보았는데, 가는 곳마다 처음에는 자신 있다고 큰소리 뻥뻥 쳐서 그들을 믿고 수십 년 동안 그들이 하라는 대로 행해 보았다.

하지만 이루어지는 것은 하나도 없고 갈수록 더 힘든 일만 생겨 솔직히 종교에는 어떤 미련도 기대도 없는 상태인지라, 자미국이 대단한 곳이라 하더라도 자신이 다녔던 기존의 종교세계처럼 그냥 큰소리 뻥뻥 치는 정도로 알았다 한다.

그러나 그냥 입천제의식, 천인합체의식은 해보고 싶어 했다 한다. 그런데 이렇게 자신의 삶과 가족의 삶, 조상님에게 천지개벽이 일어날 줄은 꿈에도 몰랐다 하면서,

자신이 그동안 다녔던 종교가 잘못된 종교인지 몰라 다니긴 다

녔지만 마음속에는 '진정한 하늘은 계실 것이다'라는 일념으로 다녔는데, 자미국을 통해 "하늘이 실제로 존재하고 계심을 확실히 안 지금, 너무 행복하다"고 했다.

희망의 미래를 열어갈 도서!

우리 대한민국의 미래를 밝히고 나아가 하늘과 신명님, '도'의 세계를 알고자 수많은 세월의 시간 동안 일심으로 각자의 방법으로 열심이었던 사람들이 결실을 보게 되는 희망의 세상이 자미국의 출범과 함께 열리게 되었다.

세상에는 수많은 종교가 있고, 수많은 종교인들이 있다.

자미국은 신흥종교의 출현이 아닌 종교와 완전히 다른 새로운 세상이기에 자미국의 책을 처음 접하는 독자들은 처음에는 낯설기도 하고 어리둥절할 수도 있겠지만 어떠한 선입견을 버리고 차분히 읽다 보면 낯설었던 부분은 친근함으로, 어리둥절한 부분은 환희와 감동으로 가득 차게 될 것이다.

이 귀한 도서는 기존의 종교서적과는 판이하게 달라,

그동안 성경, 불경이 수많은 세월의 시간 동안 수많은 사람들에게 존경과 추앙을 받았다면 이제 이 귀한 도서가 성경, 불경을 초월하여 수많은 시간동안 수많은 사람들에게 존경과 추앙을 받게 될 것이다.

우리 인류 모두가 각자의 길에서, 각자의 종교 안에서 오랜 세월 기다려온 진정한 분! 어떤 이는 하나님, 어떤 이는 미륵님, 어떤 이는 신명님, 어떤 이는 증산상제님. 각자의 믿음에 따라 기다리고 있는 분들도 제각각이다.

우리 인간사에는 수많은 사람들이 있다.

세상에 수많은 사람들!

잘난 사람도 있고, 못난 사람도 있고,

부자도 있고, 가난한 사람도 있다.

기계에 능수능란한 사람도 있고, 아픈 사람을 고치는 데 능수능란한 사람도 있다.

정치계에 밝은 사람도 있고, 과학계에 밝은 사람도 있다.

수많은 사람들이 있지만 그 많은 사람들은 모두 생김새도 다르고, 성격도 다르고, 재주도 다르다.

이 세상에 정치에 능한 사람만 있다면 세상은 지금처럼 원활하게 돌아가지 못할 것이다. 또한 기계에 능한 사람만 있어도 세상을 살아가면서 불편한 점이 한두 가지가 아닐 것이다. 아니 정확히 말하자면 불편한 정도가 아니라 단 하루도 마음 편히 살 수 없을 것이다.

제 아무리 출세한 사람일지라도 모든 분야를 본인 스스로 다 행할 정도로 모든 분야에 능수능란하지는 않다. 흔한 말로 재주가 다른 개개인이 모여 우리가 되었을 때, 세상은 빛나고 세상을 이롭게 할 수 있다는 얘기다.

종교도 마찬가지이다.

불교에서는 부처님을,

기독교에서는 예수님과 하나님을,

도교에서는 상제님을,

제각각으로 대단하신 분들이라 여기며 자신의 믿음에 따라 믿고 섬기고 있지만 각자의 종교를 통해서 인간의 소원을 이룰 수 없음은 부처님도, 예수님도, 상제님도, 하나님도, 성모 마리아님도 혼자서는 아무런 능력도 발휘할 수 없다.

그래서 도교 단체나 대순진리회, 마음 수련회 기타 등등의 단체를 통하여 일심으로 기도정진을 하여 도를 통하고자 하나 수많은 세월의 시간 동안 인간이 염원하는 도통의 소원을 이룰 수 없음의 이유는 다름 아닌, 바로 이것이 허점이었다.

자미국의 저자인 인황님과 사감님은 진정한 하늘님과 신명님, 미륵님, 부처님, 예수님, 상제님께 수많은 기도를 하여 이 위대하신 분들의 말씀을 차례대로 받아 세상 그 어느 누구도 모르는 인간 '도'의 완성 결정체를 알아내어 진실을 전하고자 책을 집필하게 되었다.

자미국은 기존에 종교처럼 부처님, 예수님, 상제님, 하나님, 성모 마리아님! 중에 어떤 한 분을 최고라 내세우며 그분의 뜻을 따르고 그분을 믿고 섬기는 기존의 종교가 아닌, 오랜 기도의 시간 속에 이 모든 분들의 합의를 받아 이 모든 분들과 함께하는 완전 새로운 세상이다.

기존의 종교처럼 어떤 한 분을 섬기며 다른 어떤 분을 배척하는 기존의 종교세상이 아닌, 모든 분들을 인정하며 모든 분들과 함께하는 세상이다.

인간의 재주도 제각각이라 제각각인 개인들이 함께하여 우리가 되었을 때 세상이 밝아지고 세상을 이롭게 할 수 있듯이 천상세계도 이와 같음을 알아냈다.

어찌 보면 참으로 당연한 일이라 쉬운 진실 같지만, 이 쉬운 진실을 어떤 종교에서도 밝히지 못했다.

3천 년의 역사를 자랑하는 불교에서도, 2천 년의 역사를 자랑하는 기독교에서도, 각자 자신의 종교가 최고라고 하는 어떤 종교에서도, 어떤 종교교주도 이 진실을 알지 못했다.

인황님과 사감님!

이 진실을 알고자 자미국을 개국하고 9년이라는 시간 동안 엄청난 고행의 시간을 통하여 세상 그 누구도 몰랐던 진실을 알아내어 많은 사람들에게 진실을 전하고자 책을 집필하게 되었다.

그동안 참으로 궁금했다.

세상에는 많은 종교가 있고 대단한 종교교주(신부, 목사, 스님, 승려, 도인, 무당, 도사, 법사, 역술인)들도 있고, 세상에서 추앙하는 하나님, 예수님, 부처님, 성모 마리아님, 상제님, 신 등등이 있는데, 왜 세상은 갈수록 테러와 지진, 살인, 유괴, 병마, 배신, 자살, 타살 등으로 힘들어지는지 참으로 궁금했다.

궁금증에 대해 하늘이 내려주신 정답은!

그동안 우리네가 진실이라 여기며 행했던 모든 것들이 거짓이었기 때문이고, 우리네가 행한 것에 대한 결과물일 뿐이라고 대답을 주셨다.

종교에서는 자신들의 종교가 최고라고 내세우며 믿으라고 권하는데, 권하는 자들의 옷차림을 보면 초라하기 짝이 없고, 그들의 생활은,

처녀 총각들은 부모님과 등지고 집을 나와 종교 단체에서 힘겹게 생활하고 있고, 결혼한 사람들은 종교 활동이 무슨 장원급제라도 되는 양 자식과 부인 남편 친인척도 모두 버리고 종교 활동에 전념하고 있다.

각 종교마다 조금씩 다르기는 하지만 특히 길거리, 터미널, 영화관 앞, 큰 시장길 등에서 쉽게 접할 수 있는 사람들이 도인(대순단체, 이름 모를 도판의 사람들)들이다.

그들은 길 가는 사람들의 앞을 가로막고 서서 다짜고짜 "도를 아십니까?"라고 한다.

그들의 말에 "관심 없다", "바쁘다" 하고 뿌리쳐도 그들은 한사코 따라와 자신이 찍은 사람이 자신이 원하는 대답을 할 때까지 혹은 연락처를 줄 때까지 포기하지 않는다.

어떤 도인은 자신이 찍은 사람이 자신이 원하는 대답을 쉽게 안 해주면, 다시 말해 자신의 목표를 못 이루면 이룰 때까지 상대의 집 앞, 상대의 회사 앞에까지라도 끈질기게 따라가 결국은 자신이 찍은 사람이 도인의 집착에 지쳐서라도 결국은 연락처를 주게끔 만든다.

상대방의 연락처를 자신의 손에 넣은 도인은,

시도 때도 없이 상대에게 전화를 하여 자신이 머무르고 있는 종교로 나와 '도' 공부를 하라고 강요도 하고,

'도' 공부를 안 하면 재앙이 따른다고 겁도 주고 협박도 하고,

시간이 안 되어 못 나간다고 하면 매달 기도비용이라도 보내라고 강요, 협박, 끝없는 전화 등등을 하며 도 닦으라고 도인들은 일반인들을 괴롭히고 있다.

자신들이 믿고 섬기는 상제님이 그렇게 하라고 시킨 것인지, 교주가 시켜서 그렇게 하는 것인지, 자신의 믿음으로 하는 것인지는 정확히 모르겠지만,

'도'가 싫다는 사람.

길을 가로막고,

집 앞까지,

회사 앞까지 쫓아가,

심지어는 밤낮으로 전화해 강요와 협박을 하고, 귀찮게 하는 것

이 무슨 '도'인지 모르겠다.

또한 '도'가 좋으면 좋은 것이지 왜 인간의 삶까지 포기해 가며 사는지 모르겠다.

평상시에는 인간의 기본적인 삶!

학생은 학생의 역할을, 직장인은 직장인의 역할을, 주부는 주부의 역할을, 남편은 남편의 역할을….

흔한 말로 각자의 위치에서 각자의 역할을 충실히 한 다음에 예수님이든, 부처님이든, 상제님이든, 믿고 섬김이 진정한 '도' 아니던가? 인간의 삶도 충실하지 못한 자가 도를 닦는다고 도가 열리겠는가?

또한 가족도 버리고 직장도 버리고, 길 가는 사람들을, 또한 힘든 삶에 지쳐 어떤 조언을 받아보고자 도교로 찾아온 사람들에게 강요와 협박을 한다면, 이건 누가 봐도 진정한 '도'가 아니다.

진정한 '도'는

하늘과 땅, 천지자연의 이치에 순응하며 각자의 길에서 최선을 다하고 인간은 진정으로 인간답게 살아감이 진정한 도이고 이 진실을 전함이 진정한 도인의 의무이자 도리이다.

도인이라고 자부하는 자신의 인생조차도 실패한 인생이면서 실패한 자가 누구의 인생을 편안하게 해주고 잘되게 해준단 말인가? 도대체 무엇이 진정한 '도'란 말인가?

또한 '도'는 이루어서 무엇 하겠다는 말이고?

'도'는 이루어서 어디다 쓴다는 말인가?

인간 근본도 안 되어 있는 도인의 삶!

하나를 보면 열을 안다고 그들에게서 무엇을 배운단 말인가?

오랜 세월 많은 도인들이 도를 이루고자 하였고, 도교에서는 도를 이루어준다고 하였으나 현재까지도 '도'의 완성은 어떤 도교 단체에서도 이루어지지 않고 있다.

도교가 도교인은 상제님의 뜻이고, 미륵님의 뜻이고, 신의 뜻이다 하면서 상제님을 내세우고 미륵님을 내세우고 신을 내세우고 나라조상님을 내세우고 있지만 사실은 그렇지가 않다.

생각들을 해보아라.

상제님이, 미륵님이, 나라조상님이, 신님이 인간을 상대로 거짓을 말하겠는지를!

도교인은 도교가 상제님의 뜻! 미륵님의 뜻! 나라조상님의 뜻! 신님의 뜻!이라는 망상과 거짓에서 깨어나야 한다.

도통을 이루어준다고 세월에 세월을 거듭하며 거짓말만 시키고 있고 도교인들을 세월 속에 지치게 만드는 도교는 상제님, 미륵님, 나라조상님, 신님의 뜻이 아니었다. 도교는 사리사욕으로 가득 찬 인간의 뜻이었고, 선량한 사람들의 마음을 이용해 자신의 욕심을 채우기 위한 인간의 뜻이었다.

처음에는 도교도 진실의 뜻으로 창시되었지만 세월이 가면서 임원들이 바뀌면서, 처음에 세워진 진실의 마음은 온데간데없이 임원들의 욕심 채우기로, 인원 늘리기로 바뀌어졌다.

그러나 순진한 사람들은 이 진실도 모른 채,

옛날 옛적에 증산상제님이 살아생전, 일심으로 했던 그 기운이 아직도 도교에 남아 있는지 알고 살아생전에 증산상제님을 그리워하며, 증산상제님이 언젠가 다시 올 것이라는 기대감으로 기다리고 있는데, 증산상제님은 너무도 임원들의 사리사욕으로 가득 찬 도교로는 돌아가시지 않는다 하신다.

증산상제님은 살아생전에, 죽은 후에 도를 닦아 인간세상으로 다시 온다고는 하였지만, 그곳이 도교! 대순이라고 장소까지 말씀하시지는 않으셨다.

그런데 참으로 이상하다.

증산상제님 본인은 도교나 대순으로 돌아온다고 말씀한 적 없는데, 도교인과 대순인들은 왜 증산상제님, 미륵님, 신님이 도교나 대순으로 오실 거라고 생각들을 하는지 참으로 알 수 없는 일이다.

물론 착각은 자유이지만,

도교인과 대순인은 이제는 증산상제님, 미륵님, 신님이 도교나 대순으로 오실 것이라는 착각과 망상에서 깨어나야 한다.

자미국을 개국한 후,

9년이라는 길고도 긴 기도의 시간!

9년이라는 길고도 긴 이분들과의 대화의 시간과 통신의 시간을 가짐으로써 알게 된 진실은!

증산상제님! 미륵부처님! 신님! 나라조상님!

모두는 자미국으로 오시기로 합의가 된 상태이고, 이미 오시어서 그토록 원하고 바라던 도통을 벌써 이루어주고 계신다.

나는 누구인가에 대한 명쾌한 해답뿐만이 아니라,

도통의 진실!

하늘과 땅에 대한 어마하고도 굉장한 진실을 실시간으로 쏟아부어 주고 계시고 사후세상, 영의 세상, 인간세상, 극락세상, 지옥세상에 대한 진실까지 세상 어디에서도 들어본 적이 없는 고귀하고도 존귀한 진실을 아낌없이 전장하여 주고 계신다.

이분들이 이미 자미국으로 와 계신 상태이기에 도교나 대순을 통해서 도통이 이루어지지 않고 있는 것이다.

2014년을 기준으로 9년 전,

자미국이 생기기 전에는 솔직히 도교나 대순을 통해서도 어떤 영적 교감과 신비의 일들이 일어남! 인정한다.

그러나 자미국이 생긴 2005년도부터는 도교나 대순, 그 외에 다른 종교에서도 영적 교감과 신비의 일들이 뚝 끊어졌을 것이다.

그 이유는?

증산상제님, 미륵부처님, 신님, 나라조상님.

모든 분들이 2005년 7월부터 순서대로 차례대로 자미국의 저자 인황님과 사감님 육신을 통하여 오시기 시작했기 때문이다.

모든 분들이 순서대로 차례대로 자미국에 인황님과 사감님 육신을 통하여 오시었으니 당연히 다른 종교에서는 예전처럼 이분들의 기운을 느낄 수 없게 된 것이다.

정녕 진정한 도가 무엇인지 알고 싶고,

도를 통하고 싶었던 사람들,

진정한 하늘세계에 대하여 궁금하고,

사후세계, 영의 세계에 대하여 궁금하고,

나는 누구인가에 대하여 궁금하고,

자신의 현생과 다음 생에 대하여 궁금하고,

인간 탄생에 대하여 궁금하고,

상제님, 미륵님, 신님, 나라조상님에 대하여 궁금하고,

인간으로 온 사명에 대하여 진정으로 궁금한 사람들은 상제님, 미륵님, 신님, 나라조상님들이 함께하는,

종교세상을 초월한 자미국!

인황님과 사감님이 있는 자미국으로 함께하면 된다.

도교의 임원들이, 대순을 떠나면 상제님께, 미륵님께, 신께 벌 받는다고 오랜 세월 세뇌 아닌 세뇌를 시켜 정말로 도교와 대순을

떠나면 벌 받는 줄 알고 있는 도교인과 대순인들이 많이 있는데, 더 이상 그들의 말에 겁먹을 필요 없다.

세상은 도교 단체 교주나, 임원들의 말대로 흘러가지 않고 각자의 인생도 그들의 말대로 움직이지 않는다.

생각해 보아라.

그들이 말한 대로 이루어진 것이 하나라도 있는지.

도교 임원들에게는 미안한 말이지만 하나도 없다.

이루어지지도 않는 도통!

매년마다 "올해 이루어진다"

"내년에 이루어진다" 만 반복에 반복을 거듭하고 있고,

"닭이 울면 이루어진다"

"정성 성금 많이 올리면 이루어진다"

"이혼하면 이루어진다"

"가족과 떨어져 살면 이루어진다"

"절 많이 하면 이루어진다"

"상제님이 오시면 이루어진다"

"미륵님이 오시면 이루어진다" 기타 등등.

도교 임원들은 수십 가지, 수백 가지의 이유를 대며 도교인들의 마음을 현혹시키며 시간을 끌고 있지만, 결과는 도교 임원들이 말한 모든 것은 무용지물로 판정이 난 상태다.

저자는 자신 있게 말한다.

상제님, 미륵님, 신님, 나라조상님들!

모두가 함께하시는 자미국으로 들어와 저자인 인황님과 사감님의 가르침대로 행하면 도통의 소원을 이룰 수 있다고!

또한 도교를 떠나 자미국으로 입문을 해도 상제님께, 미륵님께,

신님께, 나라조상님께 벌 받는 일 절대로 없다.

오히려 진실을 따라 움직이는 각자에게 상제님, 미륵님, 신님, 나라조상님께서는 "잘 했다" 하시면서 축하의 박수를 각자에게 보내주실 것이다.

상제님, 미륵님, 신님, 나라조상님의 진실은 왜곡하고 임원들의 사리사욕을 채우기 위하여 이루어지지도 않는 도통을 운운하고, 상제님의 진정한 뜻은 무시하고 상제님의 뜻이라고 하면서 상제님을 자꾸 팔아먹으면 임원들 상제님께 정말로 혼난다.

상제님께 혼난다 함은?

고소고발 및 관재의 일에 휘말리게 되며, 사기 배신을 당하게 되며, 가족들의 인생이 끝도 없이 힘들어지게 되며, 자신의 육신과 영은 이름 모를 병마에 시달리게 되며, 우울증, 자살충동 등의 고통 속에 살게 된다는 뜻이다.

또한 상제님의 본뜻이 왜곡된 도교에 앉아 끝도 없이 상제님을 부르고 있는 도교인들도 상제님께 혼난다.

그렇게 되면 도교 임원들, 도교인들 모두의 삶이 아프고 힘들어진다.

도교 임원들, 도교인의 삶이 아프고 힘들다는 얘기는!

"각자 행하는 모든 것들이 잘못되었으니 이제는 그만 하라"는 상제님의 말씀이고, 미륵님의 가르침이고, 신님의 영적 교감이고, 나라조상님의 호통이라고 생각하면 된다.

대단하신 분들이 우리 작은 인간에게 잘못되었으니 그만하라고 명을 내리시는데도 인간이 대단하신 분들의 말을 안 듣고 계속 행하면 그에 따른 처벌이 각자의 인생과 가정으로 내려짐을 알아야 한다.

하늘의 뜻대로, 진실의 뜻대로 행하면 복 받아 잘 살게 됨이 당연한 일 아니던가?

그러나 종교를 믿고 있고, 도교를 열심히 다니고 있는데도 각자의 삶과 가족들의 삶이 힘들다는 결과는!

분명 무엇인가 잘못되었다는 뜻 아니겠는가?

얼마나 더 각자의 인생이 아파봐야, 각자 가족들의 인생이 얼마나 더 갈기갈기 찢어져 봐야 자신들이 잘못 행하고 있는 것을 인정하며 거짓의 실타래를 내려놓을 것인가?

이건 누가 봐도 분명 도가 아니다.

이것을 '도'라고 전하는 '도' 단체도 잘못된 것이고

이것을 '도'라고 믿고 따르고 있는 도인들도 잘못된 것이다. 그래서 도교 교주, 도교 임원들, 도교인들 모두의 삶이 아프고 힘든 것이다.

거짓을 진실인 양 전한 도교 교주들과 도교 임원들도 죄이고,

거짓을 전한 그들의 말을 진실인 양 믿고 따른 도인들도 죄이다.

그래서 도교 교주들, 도교 임원들, 도교인들 모두의 삶이 아프고 힘든 것이다. 도교 교주, 도교 임원들, 도교인들 대부분은 혼자 사는 사람이 많다.

아예 인간사 포기했기에 결혼을 안 한 사람도 있고, 결혼을 했어도 '도'에 전념하고자 이혼한 사람들이 과반수다.

그럼, 그들이 말하는 '도'는 혼자 사는 것이고, 헤어지는 것이 '도'란 말인가?

상제님, 미륵님은 그렇게 도인들에게 가르친 적 없다 하신다.

상제님, 미륵님이 가르친 적도 없는 내용을 그들은 진실인 양, 혼자 사는 것이, 이혼한 것이 자랑인 양 아주 자랑스럽게 얘기들

을 하고 있다.

자미국에서는 이혼 위기에 놓인 부부일지라도 어떻게 해서라도 함께 살게 하고 처녀, 총각, 노처녀, 노총각들도 결혼을 하게 해 가정을 꾸리게 한다.

미륵님께서는 도의 가장 근본은 가족, 가정에서 비롯된다고 말씀하셨다. 그리고 도교인들의 말처럼 하늘을 날아다니는 것이 도가 아니라고 전해 주셨다.

또한 상제님! 미륵님!

어떤 한 분이 '도' 완성의 권한을 가지고 있는 것이 아니라 재주가 제각각 다른 상제님, 미륵님, 신님이 함께 융화를 이루었을 때 인간이 원하는 '도'가 이루어진다 하면서 그동안 이 진실을 왜곡한 채 서로 험담을 하고 편을 가른 종교와 도교를 통해서는 어떠한 '도'도 이루어지지 않고 어떠한 종교와 도교 단체로 어떤 분도 가지 않겠다고 힘주어 말씀하셨다.

그동안 도교인들이 잘못 알고 있었던 '도'의 세상과 하늘세계, 영의 세계, 조상님 세계, 극락세계, 지옥세계, 종교세계, 도의 세계에 관한 모든 진실들이 낱낱이 밝혀지니 독자 여러분은 선입견과 그동안 자신들이 알고 있었던 고정관념에서 완전히 벗어나 차분히 책을 읽어보시라.

그러면 자신들이 그토록 원하고 바랐던 '도'의 근원과 '도'의 본질 모든 것을 새롭게 알게 되는 값진 기회가 될 것이고, 진정한 하늘에 대해서도, 상제님에 대해서도, 미륵님에 대해서도 새롭게 알게 되는 값진 기회가 될 것이다.

그와 더불어 우리 인류가 그동안 종교, 도교의 굴레에서 그 얼마나 힘들게 비참하게 살아왔는지도 알게 될 것이다.

제 2 부

인류의 생사여탈권자

미륵부처님(천상도감님)

석가부처님 사후세상 3천 년 이후에 이 세상에 존재를 밝힌다고 되어 있는 미륵님!

천상 도솔천 세계의 주인이시자 천주님이신 미륵님!

대순에서는 자신들이 염원하는 도통을 이루어주실 유일한 분은 증산상제님과 미륵님이라 하며 지극 정성으로 받들고 있는 분 중 한 분이다.

그러나 미륵부처님께서는 세상 사람들 모두가 이미 알고 있는 미륵부처님이라는 관명이 아닌 세상 어느 누구도 알지 못하고 세상 어느 누구도 사용한 적이 없는 천상도감님이라는 새로운 관명으로 기존의 불교나 도교,

다시 말해 종교세상을 탈피하여 불교세상, 도교세상이 아닌 태초의 자미국을 통하여, 자미국의 인황님과 사감님을 통하여 이 세상 탄생 이후 처음으로 존귀하고도 고귀한 존재를 직접 밝혀주고 계신다.

이제부터 후천세상에서는 미륵님의 존호를 자미국에서는 천상도감님의 말씀에 따라 미륵님을 천상도감님으로 표기하니 독자 여러분은 착오 없기 바란다.

천상도감님께서는 불교 교주와 도교의 교주에게 말씀하신다.

그동안 자신들이 운영하는 종교로 천상도감인 내가 왔다고 불교

인과 도교인들에게 말하는데,

"거참! 이상하네!

당사자인 나 천상도감은 이 세상에 일찍이 종교를 통하여 존재를 밝힌 적도 없고, 온 적도 없었는데, 어찌하여 종교인들은 나를 보기라도 한 것처럼, 나를 만나기라도 한 것처럼 어쩌면 그렇게도 천연덕스럽게 내(미륵부처님)가 왔다고 거짓말들을 할 수 있느냐"고 하셨다.

그러시면서 하시는 다음 말씀은,

"그대(불교인과 도교인)들은 과연 누구를 보고 나를 보았다고 하는 것이냐?" 하고 반문하시었다.

"그대(불교인과 도교인)들이 보지도 못한 나를 보았다고 한다고 그 거짓이 진실이 될 수는 없다."

"그래, 그대들이 정말로 나를 보고, 내가 그대들이 운영하는 종교로 그대들 말처럼 왔다면, 내가 그대들에게 하는 말도 들었을 것이 아닌가? 나를 보았다고 하는 자들이여!

내가 그대들의 종교로 왔다고 말하는 자들이여!

내가 과연 그대들에게 뭐라 말하던가?"라고 반문의 말씀을 하시면서,

"나는 분명 인간의 사리사욕으로 세운 지저분하고 더러운 종교세상이 아닌 새로운 세상을 통하여 인간세상 하생한다고 나의 진실을 전하였건만, 왜 그대들은 내가 불교와 노교를 통하여 하생한다고 전하고 있더냐?"라고 하시었다.

그러면서 천상도감님께서는

"내 마음은 당사자인 내가 알지,

내 마음을 불교인, 도교인 너희들이 아는 것이더냐?

나는 불교와 도교가 분명 싫다고 전했건만 내가 싫어하는 불교나 도교로 내가 하생했다고 말하는 종교교주들은 도대체 누구의 말을 나(천상도감님)의 말인 것처럼 이 땅의 사람들에게 전하고 있는 것이더냐?"하시면서 종교교주들에게 매우 불편한 표정을 지으셨다.

그러시면서 천상도감님께서는 불교교주와 불교인들, 도교교주와 도교인들에게 한 말씀하시었다.

"내가 자네들이 머물고 있는 종교로 하생할 것이라는 망상과 착각에서 하루 빨리 벗어나도록 해라. 그것은 영원히 이룰 수 없는 그대들의 너무도 큰 망상과 착각일 뿐이다.

나는 종교세상이 아닌 자미국, 또한 자미국의 인황과 사감 육신을 통해서 하생하여 진정한 하늘과 땅의 진실, 사후세상의 진실, 진정한 도의 실체에 대하여 밝힐 것이다.

그러하니 진정으로 나와 함께하기를 바라고 원하는 자들은 아무도 없는 빈 공간인 종교세상에서 나를 기다리지 말고 내가 머물고 있는 진실의 자미국으로 그대들이 달려옴이 나와 함께할 수 있는 유일한 길임을 사감 육신을 통하여 전하는 바이다"라고 말씀하시었다.

천상도감님이 안 계신 종교 안에서,

천상도감님이 싫어하시는 종교세계에서 천상도감님을 찾고, 기도 열심히 하고, 포교활동 열심히 하고, 촛불 발원 잘하고, 주문수행 잘하고, 하늘을 찾음이 복 받아 잘살고 도통을 이룰 수 있는 지름길이 아님을 알아야 한다.

오히려 천상도감님이 안 계신 종교 안에 오래 머물러 있으면 오래 머물러 있을수록 각자의 삶과 각자의 가족, 사업 모두가 더 엉망진창이 된다는 진실을 알아야 한다.

그 아무리 사회적으로 성공하여 잘난 사람도 자신과 자신 가족들의 불행한 인생에 대하여 한 치 앞도 알 수 없다.

그 아무리 종교생활 열심히 하고, 시주 많이 하고, 천도재 많이 올리고, 촛불발원 많이 하고, 주문수행 많이 해도 자신의 인생과 자신 가족들의 삶과 인생으로 스며드는 불행과 고통, 질병, 자살로 인한 죽음, 사고로 인한 갑작스런 죽음, 막을 길도 없고 피할 길도 없다.

천상도감님의 말씀대로 빈 공간인 종교 안에 더 이상 머물러 있지 말고 천상도감님이 계시는 진실한 자미국으로 달려와 천상도감님의 가르침대로 살아감이 인생 행복의 비결이고, 사랑하는 가족들 불행과 질병, 사고의 굴레, 자살의 굴레에서 영원히 구원하는 길이다.

그와 더불어 자미국에서 행하는,

이 세상이 생긴 이래 처음으로 행하는 입천제와 천인합체의식을 순서대로 행하다 보면 도인들이 원하고 바라는 도통의 소원도 이룰 수 있게 된다.

신명님(천상감찰신명님)

무속세계에서 말하는 점을 치고, 굿을 하는, 천박한 신이 아닌, 하늘과 땅!

온 세상에 존재하는 인간, 조상영혼, 신들 중에 가장 높으신 분으로서 이 세상이 탄생한 후에 처음으로 자미국을 통하여 존재를 밝히시는 엄청나신 분, 그 이름도 존귀한 천상감찰신명님!

하늘세계, 땅의 세계, 인간세계, 영혼세계, 조상세계, 종교세계, 사후세계, 도통의 진실 등등, 이 세상에 존재하는 모든 분야에 대하여 다 아시는 흔한 말로 팔방미인이신 분.

모든 분야에 대하여 능수능란하시지만 특히, 나는 누구인가?에 대한 명쾌한 해답의 열쇠와 인간이 지은 죄를 진정한 하늘께 용서 빌어 용서받는 법을 인류 최초로 알고 계시는 굉장하신 분.

이 세상을 다녀간 예수님! 석가님! 상제님! 성모 마리아님!

그 외에 이름과 명성을 알리고 이 세상을 떠나간 수많은 그 어떤 자들보다도 훨씬 높으시고,

예수님! 석가님! 상제님이 이 땅에서 이루지 못한 하늘과 땅의 대역사에 대하여 낱낱이 밝혀내실 제2의 예수님이자 석가님이시고 상제님이신 천상감찰신명님!

정확히 말하자면 예수님! 석가님! 상제님이 이 땅에서 이루지 못한 부분까지 이루어내시고 인간의 상상을 초월한 어마어마한 일

을 자미국을 기점으로, 자미국의 인황님과 사감님을 통하여 이루어 내실,

　인류 모두가 기다려온 인류의 진정한 구원자님이자,

　지치고 힘든 인류 모두의 삶에 엄청난 희망을 안겨줄 천상감찰신명님!

　죽어서도 못 바꾼다는 인간의 잘못된 생각과 이론을 순식간에 바꾸게 하시는 대능력의 소유자.

　기존에 종교에서 행했던 미완성의 천도재와 굿, 신인합일, 도통 등을 현실로 이루어내심으로써 우리 인류 모두에게 진정한 구세주 역할을 해주실, 그 이름도 새로운 천상감찰신명님!

하나님(태상천존 자미천황님)

인간세상에 존재하는 수많은 나라.

수많은 나라 속에 있는 대한민국!

대한민국이라는 하나의 나라 안에는 '시(서울시, 부산시 등)'가 있고 시 안에는 '구'가 있고 구 안에는 '동'의 수많은 각각의 집들이 있다.

대한민국뿐만이 각 나라의 각각의 집의 숫자와 사람 숫자를 헤아려보면 이루 말할 수 없을 정도로 엄청나다.

인간세상에도 수많은 나라와 수많은 사람들이 공존공생하고 있듯이 천상세계도 이와 같다.

천상세계!

인간세계와 같이 하나의 하늘이 아닌 수많은 하늘의 나라(집)가 있다.

그 수많은 하늘에 존재하는 각각의 하늘.

종교에서 전한 숫자보다도 더 어마어마한 각각의 하늘과 각각의 지옥세계가 존재하고 있다.

그 수많은 하늘 중에 진짜 주인은 과연 누구이실까?

종교를 통해서 들었듯이,

부처님이실까? 아니면 예수님과 하나님이실까? 아니면 상제님이실까? 아니면 미륵(천상도감)님이실까? 아니면 신명(천상감찰신명)님이실까?

각자의 종교관에 따라 각자의 믿음에 따라 다르게 답들을 하겠지만, 우리가 지금까지 알고 있었던 모든 분들은 그 아무리 대단하다 한들 모든 하늘 중에 하늘은 아니었다.

우리 인류 모두가 지금까지 알고 있었던 모든 분들은 수많은 하늘 중에 존재하는 각각의 세상에서 하늘이었을 뿐, 수많은 하늘을 지휘통솔하고 수많은 하늘에게 명을 내리는 하늘 중에 하늘은 아니었다.

각 하늘의 수많은 천주들에게 명을 내리고 각 하늘의 천주들을 지휘통솔하시는 분은 예수님, 부처님, 상제님, 하나님이 아닌 바로 태상천존 자미천황님이시다.

태상천존 자미천황님은 이미 이 세상에 알려진 하나님, 예수님, 부처님, 상제님 모든 분들을 지휘통솔하시는 분이시다.

이 세상 탄생 이후 처음으로 밝혀지는 진정한 하늘의 존함.

태-상-천-존-자-미-천-황-님!

이 얼마나 가슴 벅찬 일이던가?

우리 인류 모두는 지금까지 진정한 하늘의 존함조차도 모른 채, 각자의 믿음과 각자의 종교관에 따라 다르게 알고 있었다.

또한 태상천존 자미천황님은 극락세계, 천국세계, 도솔천세계, 도리천세계에 계시는 분이 아니라 그 모든 세상의 위인 '자미천궁'이라는 하늘 집에 계시는 분이시다.

인류 탄생 이후 처음으로 하늘의 진정한 존함과 진정한 하늘님이 계시는 집까지 알게 되었으니 이 얼마나 가슴 벅찬 일이던가?

세상 그 어느 누구도 모르는 이 진실을 알아가는 과정의 시간 동안, 저자인 인황님과 사감님은 우리 인간이 감히 상상조차도 할 수 없는 엄청난 고통의 시간을 보냈다.

인간이 고통스럽다고 말할 수 있음은 어찌 보면 행복한 일이다.

인간이 감당할 수 없을 정도의 큰 고통에 직면하면 고통스럽다고 소리를 크게 지를 것 같지만, 고통의 무게가 너무 크면 오히려 소리도 질러지지 않음을 알게 되는 고통의 경지까지 가면서 하늘의 어마어마한 진실을 알게 되었다.

예수님, 석가님, 상제님, 기타 등등(에디슨, 나이팅게일, 공자, 노자)이 인간 세상에 와서 어떤 큰일을 이루고자 큰일을 이루기 전에 수많은 고통과 아픔의 시간을 보냈다 하지만 인황님과 사감님이 이 진실을 알아내는 과정에서 겪은 고통과 아픔!

이 세상 어느 누구도 명함을 내밀지 못할 정도의 고통과 아픔의 시간들을 통하여 이 위대한 진실을 알게 된 것이다.

독자 여러분은 이 책이 진짜인가? 가짜인가? 하면서 보겠지만 한 구절, 한 구절 모두 저자인 인황님과 사감님의 피눈물로 이루어진 인류 최초의 도서이다.

그 시간들이 너무 고통스럽고 고통스럽지만, 감히 고통스럽다는 말조차도 할 수 없을 정도의 고통. 이 세상 어느 누구도 느껴보지 못했을 것이다.

인황님과 사감님의 고통!

세상 사람들처럼 개인의 소원이 이루어지지 않음에 고통스러웠던 것이 아니라, 개인의 사리사욕을 채우고자 하나 그 소원이 이루어지지 않음에 고통스러웠던 것이 아니라,

인황님과 사감님이 알고 있는 것이 진실이긴 진실인데, 지금까지의 종교가 분명 잘못되긴 잘못되었는데, 이 진실을 어찌 전해야 하는지, 진짜 하늘의 진실은 무엇일까?

진실에 진실을 전하고자 힘들었던 것이지, 기존에 종교를 세우

고자 했다면 이렇게 힘들지는 않았을 것이다.

기존에 있는 기독교나 도교, 불교, 여호와증인, 무당집, 철학관 등을 하거나, 요즘 유행하는 제2의 사이비 종교를 했다면 이처럼 힘들지는 않았을 것이다.

그 모든 종교에 회의와 허점을 느끼며, 몇천 년의 세월 동안 세계가 인정한 종교의 허점을 찾아내는 일! 어찌 하루아침에 뚝딱하고 이루어지겠는가?

한 사람의 잘못 길들여진 습관을 바꾸는 일!

쉬운 것 같지만, 힘든 일이다.

한 사람의 잘못된 습관을 바꾸는 일도 힘든 일인데, 몇천 년 동안 행하여지고 있는 종교의식에 허점을 찾고 그 허점을 인류에게 전한다는 일!

어찌 보면 인황님과 사감님이 살아생전 이룰 수 없는 불가능한 일인지도 모른다.

그러나 인황님과 사감님은 이 불가능에 도전했다.

예수님, 석가님, 상제님.

그 밖에 어떤 분들도 시도한 적이 없는 이 위대하다면 위대하고 바보 같다면 바보 같은 일에 인황님과 사감님!

우리 둘의 인생, 전부를 걸었다.

인황님과 사감님이 선택한 길!

정말로 위대한 일인지, 바보 같은 일이었는지는 시간이 가면 인류 모두가 알게 되는 날이 올 것이다.

진정 기존의 예수님, 석가님, 상제님, 공자님, 노자님 등등이 성인인지 인황님과 사감님이 예수님, 식가님, 상제님 이 모두를 초월한 진정한 성인인지도 밝혀지는 날이 올 것이다.

지금 이 글을 쓰는 순간! 마음과 눈에서 뜨거운 이름 모를 눈물이 흐른다. 이 글을 쓰기 전에는 그동안 너무 힘들고 아팠지만 이 땅에서 해야 할 일들이 너무 많아 고통 앞에 차마 울 시간조차도 없었다.

내 의지와 상관없이 흐르는 뜨거운 눈물의 의미!

하늘께서,

"너의 고생! 너의 진심 다 알고 있다"고 감싸 안아주시고 정말 그동안 고생했다"고 하시는 음성이 들린다.

인황님과 사감님은 많은 인고의 세월 속에,

하늘과 땅, 종교세상에 대한 진실, 인간 삶의 고통과 아픔의 정체, 어떻게 살아야 행복한지의 진실 여부에 대하여 차례대로 전하고 있다.

인황님과 사감님이 전한 모든 것은 종교의 이론도 아니고 기존에 성행한 종교의 교리도 아닌 진실 중의 진실이다.

믿고 안 믿고는 각자의 몫이다.

저자가 전한 진실이 거짓이라면 거짓을 전한 저자가 벌 받을 것이고, 종교가 잘못되었다고 하는데도 계속 나가면 나가는 이들이 벌 받을 것이고, 위대한 하늘께서는 과연 누구의 말이 맞는지 현실로 각자의 삶을 통하여 보여주실 것이다.

믿고 싶은 자 믿으면 되고, 믿기 싫은 자 안 믿으면 된다.

자신의 이론과 다르다 하여 자미국에 전화하여 뭐라 할 필요 없다.

자미국은 기존의 종교처럼 종교세상을 펼치는 것이 아니라,

진정한 하늘을 찾고, 하늘 말씀에 순응하며 그동안 인간으로 살면서 인간이 지은 죄를 진심으로 용서 빌어,

살아생전 자신이 지은 죄 살아생전 용서받아 육신의 삶이 다하면 구천세계, 지옥세계 방황하지 않고 태상천존 자미천황님이 계시는 천상 자미천궁으로 올라 신선세상을 살아가는 법과 도리를 가르쳐주는 진정한 하늘세계이며,

그동안 종교의식을 통하여 이룰 수 없었던 부분을 진정한 하늘의 위대하심으로 이루며 살아가는 곳이다.

인황님(자미인황님)

　태상천존 자미천황님은 수많은 각각의 하늘!
　다시 말해, 모든 천주들 중에 하늘이라면,
　자미인황님은 수많은 인간세계의 '황'님이시다.
　현재 생존하는 72억 인구 중에 최고이시며, 이 세상을 이미 다녀간 수많은 자들 중에 최고이신 분으로서,
　인간세상, 하늘세상, 종교세상에 대하여 모르는 것이 하나도 없으시고, 현 박근혜 대통령님의 마음, 전 이명박 대통령님의 마음, 김정은 씨의 마음, 흔한 말로 생존해 있는 인간 모두의 마음과 이미 이 세상을 떠난 자들의 마음뿐만 아니라, 심지어는 말 못하는 물고기의 마음, 날아가는 새의 마음까지도 다 아시는 정말로 대단하시고 신기하신 분이다.
　지금까지 종교에서 알려진 분들과는 판이하게 다른 분으로서, 저자인 인황님과 사감님 육신을 통하여 항상 함께하시면서 실시간으로 모든 진실을 전하시는 정말 신기한 분이시다.
　저자 인황님과 사감님이 육신을 지니고 산 사람으로 살아가듯이 자미인황님께서도 산 사람과 똑같이 생활(화도 내고, 웃기도 하고, 어떻게 표현할 수가 없을 정도로 인간과 똑같이) 하시는, 어찌 보면 엄청난 분이시고 어찌 보면 인류 탄생 이후 참으로 신기한 분이다.
　인황님과 사감님 육신과 함께하시면서 인간과 똑같이 말씀을 하

시기에, 때로는 자미인황님이신지 인황님이신지 사감님이신지 분간을 못할 때가 한두 번이 아니다.

상대가 어디에 있든,

산 자든, 죽은 자든 개의치 않고 그들의 마음을 밝혀내실 때 보면 정말 감탄과 신기, 신비 그 자체이다.

예수님, 석가님, 상제님,

그 밖에 어느 누구를 개의치 않고 그들의 마음을 명철하게 밝혀내시고, 죽은 조상들의 마음도 막힘없이 밝혀내시는 정말 흔한 말로 팔색조, 백색조, 억색조라고 할 정도로 못하시는 것이 없으신 인간세상의 '황'님이시다.

인간 사업의 흥망뿐만이 아니라 자신들도 모르는 미래의 인생과 전생의 모습, 사주팔자, 작명, 경문, 도통, 정치, 경제, 문화 각 분야에 대하여 모르는 것이 하나도 없으시기에 인간이 어떻게 해야 성공하는지의 여부에 대하여 모르는 것이 하나도 없으신, 인간 탄생 이후 이토록 신기한 일은 본 적이 없을 것이다.

자미국에 인연을 맺어 자미국에서 행하는 입천제와 천인합체의 식을 행할 때마다 항상 함께하시면서 자미국에 찾아오는 이들에게 웃음과 호통을 선사하시는 분으로서,

처음에는 자미인황님이 낯설기도 하지만, 몇 번 자미인황님을 만나다 보면 자미인황님의 수많은 모습에 매력 아닌 매력을 느끼게 되며, 정말 인간세계의 '황'님답다는 생각이 스스로 들게 되는 세상에서 처음 보게 되는 엄청난 분이시다.

자미인황님은 세상사에 대하여 모르는 것이 하나도 없으시고 못하는 것이 하나도 없으신 분이시다

자미인황님은 기존에 알려진 예수님, 석가님, 상제님이 이 땅에

서 이루지 못한 어마어마한 천지조화를 현실로 이루고 계신다.

자미인황님께서는,

가뭄에 비 내리게 하고, 폭우에 비 멈추게 하기.

태풍의 진로 바꾸기.

천둥, 번개 횟수 줄이기.

산 사람과 죽은 자의 마음 움직이기.

하늘 태상천존 자미천황님의 마음 읽어내기.

종교의 허점과 인간 개개인의 허점에 대하여 낱낱이 알기 등.

자미인황님께서 자미국을 통하여 행하고 계시는 조화!

다 표현할 수는 없지만 인간의 상상을 초월한다.

인생을 살아가면서 각자 인생의 불행과 실패의 원인에 대하여 궁금한 사람들!

자신이 하는 일을 세계적으로 성공하여 널리 알리고 싶은 사람들! 또한 나라의 큰일을 하는 대통령님이든, 정치인이든, 판사든, 의사든,

흔한 말로 중요한 일들을 하는 사람들은 자미국을 통하여 자미인황님의 선택을 받으면 자미인황님께서 미리 자신들도 모르는 일에 대하여 조언을 해주시고, 불행의 일에 대하여 미리 가르쳐주시기에 큰일을 하는 사람들은 필히 자미국을 통하여 자미인황님을 알현함이 인생 행복의 비결이다.

나라의 대통령도 인간인지라 모든 부분에 완벽할 수 없고, 자신의 현재, 미래에 대하여 알 수 없다.

자미인황님은 현재 생존하고 있고,

이미 이 세상을 떠나간 그들 모두의 위에 계시는 인간의 '황'님이시기에 이 나라의 대통령님도 자미인황님의 뜻에 따름이 인생 행

복의 비결이고 세계 각 나라의 대통령들도 자미인황님의 뜻에 따름이 인생 행복의 비결이고, 이 나라와 전 세계 모두가 잘 사는 지름길이다.

종교와 다른 자미국은!

하늘 중에 하늘이신 태상천존 자미천황님과 함께하고,

인간세상, 모든 인간 중에 최고이신 자미인황님과 함께하고,

신 중에 최고이신 천상감찰신명님이 함께하고,

불교와 도교, 대순에서 열렬히 기다리는 천상도감님과 함께하고, 이 엄청난 진실을 전달하는 인황님과 사감님이 계시니 기존의 종교와는 감히 비교도 할 수 없는 어마어마한 세상을 이루어 나가게 될 것이다.

이 책이 출간됨과 동시에 이 엄청난 분들의 대능력으로 그동안 대우와 추앙을 받았던 기존의 종교들은 본격적으로 빛을 잃어가게 될 것이고, 진정으로 하늘과 '도'에 대하여 알고자 했던 자들이 자미국을 통하여 구원받는 세상이 이 땅에서 실제로 실현되게 된다.

그동안 아픔 속에서 잠들어 있던 자미국과 태상천존 자미천황님, 자미인황님, 천상감찰신명님, 천상도감님, 인황님과 사감님이 수많은 사람들에게 인정받는 진정한 후천의 세상이 열리게 될 것이다.

인간세상의 대통령!

임기가 다 되면 대통령 자리를 나음 사람에게 물려주고 대통령직을 나와야 함이 당연한 일이다.

진정한 하늘 태상천존 자미천황님, 천상감찰신명님, 천상도감님, 자미인황님이 이 세상에 밝혀진 이상,

수많은 세월의 시간 동안 수많은 사람들에게 하늘(대통령) 아닌 하

늘 대우를 받았던 예수님, 석가님, 상제님, 성모 마리아님은 진정한 하늘께 하늘(대통령)자리를 내주고,

예수님, 석가님, 상제님, 마호메트님 모두는 그동안 수많은 세월의 시간 동안 수많은 사람들에게 하늘 대우를 받았듯이, 이제는 자신들이 받은 만큼 진정한 하늘께 돌려드려야 하는 후천세상이 자미국의 개국과 함께 시작되었다.

또한 인류는 예수님, 석가님, 상제님, 마호메트님 뜻에 순응했던 선천세상을 탈피하여 진정한 하늘의 뜻에 순응해야 하는 후천세상의 법도에 따를 때 각자의 인생과 각자의 가족, 이 나라가 편안하게 될 것이다.

예수님, 석가님, 상제님, 마호메트님이 인류의 추앙과 대우를 받았던 선천의 시대는 막을 내리고 진정한 하늘 태상천존 자미천황님, 천상감찰신명님, 천상도감님, 자미인황님께서 잘못된 인류를 재창조하는 후천세상이 시작되었다.

선천의 시대는 저무는 태양이고, 후천의 시대는 떠오르는 태양이다. 선천의 시대는 암흑처럼 캄캄한 밤이고, 후천의 시대는 대낮처럼 밝은 낮이다.

암흑처럼 캄캄한 밤의 세상(기존종교)에 있으면서 살아서도 죽어서도 하늘께 버림받는 비참한 인생을 살 것인가?

아니면 대낮처럼 밝은 세상(자미국)에 들어와 진정한 하늘의 뜻에 순응하며 하늘의 보호와 사랑을 받는 안정된 인생을 살 것인가에 대한 판단은 각자의 몫이 되었다.

각자가 행한 대로 진정한 하늘께서도 행하실 것이다.

진실 앞에 순응하는 자에게는 복을 줄 것이고,

거짓 앞에 순응하는 자에게는 벌을 줄 것이다.

진실과 거짓 모두에게 복을 준다면 세상에 존재하는 진실은 의미가 없게 되고, 거짓도 의미가 없게 된다.

자미국에서 말하는 것이 진실인지, 기존에 종교(불교, 도교 기타) 등등에서 말하는 것이 진실인지는 이제부터 각자의 삶과 각자 가족들의 삶을 통하여 정확하게 밝혀지게 될 것이다.

불러들인 수많은 귀신들

대한민국의 원과 한을 풀어내고 국운을 바꾸어갈 자미국!

독자들은 이 책을 읽어가면서도 자미국이 도대체 뭐하는 곳이냐고 궁금증을 가지며 새로운 신흥종교로 받아들이는 경우도 있을 것이다.

자미국은 기존의 종교세계 연장이 아니라고 말해 주어도 독자들은 달리 이해할 방법이 없는 것 또한 사실이다. 하늘과 땅이 태초로 세우는 대단한 진실의 세계가 분명하고, 이제까지 수천 년간 알려진 종교세상과는 전혀 다르다.

수천 년 동안 전해진 모든 종교의 교리와 이론이 잘못되었다고 모두 뒤엎는 곳이 자미국이다. 얼핏 모순된 반박 같지만 책을 읽어가다 보면 저절로 이해가 될 것이다.

대한민국의 원과 한은 무엇이고, 어떻게 풀어내며 국운을 어떻게 바꾸어나갈 것이냐가 관건이고 궁금할 것이다.

저자 역시 여러분과 같은 나약하고 부족한 인간에 불과하지만 하늘과 땅의 대단하신 능력자들께서 저자와 함께해 주고 계시기에 인류가 감히 상상도 못했던 거대한 자미국을 세워나가겠다는 것이지 이제까지의 종교 숭배자나 교주 같은 신분으로는 상상조차도 못해 볼 일들이다.

그동안 종교세계를 통해서 기다려온 진정한 태초의 하늘을 알게 되었다. 하늘은 하나가 아니라 수천억 개에 달할 정도로 어마어마하게 많지만 종교에서는 하늘을 하나로 알고 인간들에게 전하고 있으니 얼마나 기가 막힌 일인가?

하늘도 인간세상과 같다.

다시 말하면 인간도 동물의 하나이지만 축생, 길짐승, 날짐승, 곤충, 어류, 산천초목이 아닌, 말하고 생각하는 만물의 영장인 72억 세계 인구 모두를 인간 또는 인류라고 말한다.

천상세계에는 72억 인간들 숫자보다도 더 많은 수천억 개의 하늘이 존재하고 있다는 진실을 모르고 천상세계를 모두 하늘이라고 표현해 왔다.

지구 자체도 하나의 하늘이고, 인간세계 자체도 하나의 하늘이고, 지옥세계, 축생계, 아귀계, 아수라계도 엄연한 하늘이지만 인간들은 하늘이 하나인 줄 알고 있다.

천상세계 우주에 떠 있는 저 반짝이는 별들의 세계도 각자 하나의 하늘인 것이니 하늘이 수천억 개라고 봐야 하지만 아무도 그렇게 생각하지 않고, 하늘을 하나로 생각하고 있으니 인류와 종교세계 이론이 얼마나 허무맹랑하고 어리석은 일인가?

인간 중에는 성공하고 출세한 대통령, 총리, 장관, 국회의원, 시도지사, 재벌총수와 일반인, 청소부, 거지도 있는 것처럼 인간이라고 똑같은 인간이 아닌 것이다. 공무원과 군인 역시 똑같은 공무원과 군인이 아니라 신분과 계급에 따라 위상이 천차만별로 모두가 다르다.

이와 같이 인간의 능력을 초월한 영적 능력을 가진 수천억 개의 하늘도 다 같은 하늘이 아니라는 뜻이다. 한국 대통령의 위상과 초강대국 미국 대통령의 위상이 어찌 같을 수가 있는가?

미국의 영토면적, 인구 숫자, 경제력, 군사력을 한국이 노력한 다고 미국의 위상을 따라갈 수 없는 것처럼 대통령이라고 해서 다 같은 능력의 대통령이 아니다.

수천억 개의 하늘 중에 인류의 생사여탈권을 행사하시는 진짜 하늘은 종교세계를 통해서 알려진 하늘이 아니었다. 하느님, 하나님, 하늘님을 부를 때 어느 하늘을 부르는 것인지도 모르면서 무조건 믿는다며 부르고 있다.

지옥세계, 축생계, 아귀계, 아수라계의 하느님, 하나님, 하늘님을 부르는 것인지 인간세계 하느님, 하나님, 하늘님을 부르는 것인지, 천지만생만물과 수천억 개의 별들, 지구, 인간세계, 지옥세계, 축생계, 아귀계, 아수라계를 창조하신 태초의 하늘을 부르는 것인지 모르겠다.

천상세계와 지상세계의 생로병사와 생사여탈권을 주재하시는 진짜 하늘 절대자가 계시는데 종교세계에 알려지지 않은 태상천존 자미천황님이라는 분이시다.

진짜 하늘을 인류 최초로 저자에게 전하고 밝혀주신 분은 천상세계 2인자이신 천상감찰신명님이라고 불리시는 천상선감님에 의해서이다. 물론 인간이 아닌 태초의 신명님으로 신들 중에 최고로 높으신 분이라고 하셨다.

그리고 하느님, 하나님이라고 기독교와 천주교에서 전하는 분은 천상천감님이라고 밝히시었고, 불교와 도교에서 기다리는 용화세존 미륵존불님은 천상도감님으로 나타나시었고, 태초의 인간이시자 인류의 대표는 자미인황님이시라고 이 모든 분들이 두 저자를 통해서 밝혀주셨다.

9년 동안 두 저자를 통해서 존재를 밝혀주신 것이었다.

종교세계를 통해서는 들어보지 못했던 생소한 단어들인데 이것이 진실이라고 하니 그동안 어떤 종교세계를 믿고 있었던 사람들이라면 어리둥절해할 것이고 이해가 잘 안 되어 믿어야 하나 말아야 하나 혼돈스러울 것이다.

여러분이 믿든 믿지 않든 그것은 각자의 자유이다.

저자가 9년 동안 실지로 현실의 삶을 통해서 알게 된 것은 이분들이 전하시는 말씀이 한 치의 오차도 없는 진실이었다는 것을 세월을 통해서 알 수 있었다.

왜냐하면 말씀해 주시는 대로 현실에서 모두 실지로 일어났고, 아무도 모르는 여러분의 속마음을 손바닥 보듯이 다 알고 계시었고, 상상을 초월하여 미래에 일어날 일들까지 아주 자세히 알고 계신다는 점 때문이었다.

산 자와 죽은 자가 원하고 바라는 인류의 구원이 이분들을 통해서 굿이나 천도재가 아닌 입천제와 천인합체의식으로 단 한 번에 이루어진다는 것도 알았다.

뿐만 아니라 나라와 기업의 흥망성쇠, 개인의 길흉화복 역시 모두 주재하고 계심도 체험하였고, 수천 년 동안 뿌리 내린 종교세계 교리와 이론이 잘못되었다는 것도 가르쳐주시었다.

2~3천 년 동안 인류의 정신을 지배해 온, 종교의 교리와 이론이 하늘의 뜻, 석가님, 예수님, 성모님, 상제님, 공자님의 뜻이 아닌 종교 창시자와 그의 세사들이 인간의 욕심을 채우기 위해서 세운 것이 무서운 종교세계라는 것도 천상에서 오신 분들이 가르쳐주시어서 알게 되었다.

그러니까 지금까지 이 땅에 수천 년간 펼쳐진 수많은 종교세계는 하늘의 뜻, 석가님, 예수님, 성모님, 상제님, 공자님의 뜻이 아닌 종교 창시자와 그의 제자들이 전하는 교리와 이론을 따르는 것이 되어 종교를 믿으면 평화가 오는 것이 아니라 알 수 없는 고통과 불행이 오는 것이라고 하셨다.

이 나라 대한민국과 세계 인류를 무서운 종교로부터 해방시켜 주고, 하늘과 땅의 원과 한을 풀어주는 곳이 인류 최초의 대단한 자미국이다. 하늘과 땅의 원과 한을 먼저 풀어드려야 대한민국과 국민들의 원과 한이 풀어질 수 있다.

하늘과 땅의 원과 한을 풀어주지 않고는 한(恨)민족의 원과 한이 풀어질 수 없다. 전 세계에서 가장 많은 원과 한을 품고 살아가는 민족이 백의민족인 한(恨)민족이다. 한(恨)민족은 하늘과 땅의 원과 한을 풀어줄 민족이라는 뜻도 포함되어 있다.

하늘과 땅의 원과 한을 풀어주는 대열에 동참하면 나라와 기업, 개인들은 자연적으로 원과 한이 풀어지고 막혔던 각자의 인생길도 열린다. 하늘과 땅의 원과 한은 풀어줄 생각도 하지 않고 각자의 뜻만 이루겠다고 열심히 뛰어봐야 정력만 낭비하고 허송세월만 보낼 뿐이다.

여러분이 혹여 열심히 노력하여 크게 출세하고 성공했다 하더라도 하늘과 땅의 원과 한을 풀어주지 않는 이상 출세와 성공을 오래도록 지켜나갈 수 없다. 잠시 스쳐지나갈 뿐 절대로 영원하지 않는 풀잎 끝에 맺힌 이슬에 불과하다.

원과 한이 쌓인 하늘과 땅, 석가님, 예수님, 성모님, 상제님, 공자님, 여러분의 조상님과 각자의 몸 안에 있는 영들은 과연 무엇이 원이 되고 한이 되었을까?

종교 창시자와 그의 제자들이 종교교리와 이론을 통해서 하늘과 땅, 석가님, 예수님, 성모님, 상제님, 공자님의 뜻을 왜곡하였고,

조상님과 영들을 종교교리와 이론의 굴레에 가두게 만들고, 진짜 하늘이 아닌 가짜 하늘로 인도했기 때문이다.

자미국의 뜻에 동참하여 이 모든 분들의 원과 한을 풀어주면 각자의 인생길이 아주 편안해진다.

각자의 답답한 인생길, 엎어지고 뒤집어지는 인생길은 여러분이 스스로 종교 창시자와 그의 제자들이 전한 교리와 이론을 받아들인 결과로 인한 것이다. 그래서 이제 자미국을 통해서 잘못된 교리와 이론을 빼내야 여러분이 아픔, 슬픔, 고통의 세계에서 벗어날 수 있다.

저자가 설계하고 있는 인류 최대의 거대한 프로젝트는 처음이자 마지막이고 전무후무한 일이 될 것이다.

종교통일과 인류통일을 이루어서 천하세계를 자미국 하나로 통일하는 대업을 이루어내는 길이다. 감히 상상조차도 할 수 없는 어마어마한 일이고, 인간만의 능력으로는 절대로 이루어낼 수 없는 불가능의 세계임이 분명하다.

허상, 망상, 가상세계 같은 불가능해 보이는 일인지라 저자 역시 나약하고 부족한 인간육신을 지니고 있기에 꿈만 같지만 천상에서 오신 대단한 능력자분들의 신비한 원력을 수없이 체험해 보았기에 불가능의 세계는 아니라고 본다.

사상이 다른 여러분은 물론 초강대국들인 세계 각 나라의 막강한 대통령들을 자미국의 뜻에 동참하도록 승복시키는 일은 정말 상상 못할 어려운 일이지만 하늘과 땅의 대단한 능력자분들께서는 불가능의 세계가 아니다.

하늘과 땅의 천지원력으로 인간의 마음을 바꾸어주실 수 있는 대단한 능력자들이시기에 상상으로도 불가능하게 여겨지는 종교통일과 인류통일이 이 땅의 자미국을 통하여 현실로 이루어질 날이 다가오고 있다.

대단하신 진짜 태초 하늘의 존재가 자미국을 통하여 전 세계로 밝혀진다면 모든 종교세계는 소리 없이 무너져 내릴 것이며 자미국으로 세계 인류가 몰려들어 올 것이다.

모든 천지만물은 어떤 기운 따라 움직이게 되어 있다. 수백만 마리의 말벌들이 여왕벌 한 마리를 중심으로 이동하고 모이듯이 진짜 하늘의 존재를 대한민국 정부가 동참하여 자미국과 함께 전 세계로 전한다면 현실이 된다.

피 한방울 흘리지 않고 무력도 쓰지 않으면서 세계 인류와 종교를 자미국(대한민국) 하나로 통일하여 천하세계를 다스리게 할 수 있는 유일한 길이다. 어마어마한 천지대업이 이루어지면 대한민국 전체가 자미국(紫微國)이 되는 일이다.

나라 전체가 자미국이 된다 함은 하늘과 땅의 사랑과 보살핌이 영원토록 지속되어 인류가 그토록 외치던 무릉도원 세상이 실현됨을 의미한다. 자미국이란 이름은 세계 인류를 다스려 나갈 미래의 대한민국 국호이다.

대한민국 이름으로는 남북통일과 세계통일을 이루어낼 수 없다. 즉 자미국이란 국호는 세계를 하나로 통일할 천지기운을 내포하고 있는 어마어마한 이름인 것이다. 힘없는 약소국가의 서러움에서 벗어나 천하세계를 호령하는 민족의 위풍당당함이 서려 있는 국호이기 때문이다.

세계 인류가 자미국의 국적을 갖게 되면 하늘과 땅의 사랑과 보호를 실시간으로 받아서 현생은 물론 육신이 죽은 사후세상까지도 만사가 편안하고 무탈하다.

육신이 살아생전에만 근심 걱정이 없어야 되는 것이 아니라 죽어서도 근심 걱정이 없어야 하기 때문이다. 그러니까 산 자들만 편해야 하는 것이 아니라 죽은 자들도 세세생생 편안해야 한다는 말이니 각자의 조상님들도 이미 돌아가셨지만 입천제를 행하여 자미국 국적을 취득해야 좋다.

조상님들이 자미국 국적을 취득하면 여러분도 자동적으로 자미국 국적을 취득하게 되어 인생길이 편안해진다. 자미국 백성 즉 자미국 국민이 되는 것이 인류가 종교 안에서 그토록 오랜 세월 외치던 이상향, 지상낙원, 지상천국, 선경세상, 유토피아, 무릉도원 세상을 여는 길이다.

산 자와 죽은 자 모두 자미국 국적을 가져야 한다. 이것이 인류 최고의 영원한 성공과 출세이고, 인류 모두가 애타게 기다리던 진짜 참 하늘과 땅의 사랑과 보호를 영원히 받고 살아갈 수 있는 유일한 길이기 때문이다.

종교통일과 인류통일은 자미국 두 저자인 인간의 힘과 하늘과 땅의 신비한 원력이 함께 합해져야만 현실로 일어날 수 있는데 이제 모든 준비가 되어 있기 때문에 여러분은 이 책을 읽고 자미국의 천지대업에 동참만하면 된다.

각자의 개인, 수많은 기업, 대한민국 정부가 차례대로 함께하면 된다. 개인은 개인대로 각자의 원과 한이 있고, 기업은 기업대로 원과 한이 있으며 대한민국 정부는 정부대로 각기 원과 한이 태산처럼 높게 쌓여 있다.

이 모두가 하늘과 땅의 원과 한이 여러분에게 그대로 전달되고 있기 때문이다.

역사드라마를 통해서 밝혀지고 있는 진실은 늘 외침을 당해서 서러운 한민족으로 살아왔다는 점이다. 일본과 중국, 몽고로부터 침략 받아 숱한 고통의 서러움을 겪은 한민족의 원과 한을 풀어주실 분은 영적으로 대능력자들이신 하늘과 땅이시고 인간 눈높이로는 자미국의 두 저자이다.

천하세계를 자미국 하나로 통합한다는 것이 말이나 되느냐고 허무맹랑한 말이라 할 사람들도 많으리라 본다. 그러나 그것은 하늘과 땅의 무소불위하신 대단한 능력을 체험하지 못해서 하는 말일 것이다.

하지만 저자는 자신 있고, 그 정답을 알고 있다.

대단하신 하늘과 땅의 원과 한을 대한민국 정부가 적극적으로 동참하여 풀어드리면 가능하다. 독자들은 하늘과 땅의 신비한 원력이 얼마나 대단하신지 알지 못하나 저자는 수많은 과정을 통해서 체험하였다.

세계 인류를 승복시키는 일은 하늘과 땅이 대단한 능력으로 해내실 천지대업이기에 가능하다. 대한민국이 전 세계에서 가장 살기 좋은 나라가 되고, 세계의 중심 국가로 우뚝 서서 천하세계를 다스린다는 것은 그 시기가 언제인가 그것이 문제일 뿐 반드시 현실로 도래한다.

위풍당당하게 천하세계를 하나로 통합하여 다스려 나갈 천하대국 자미국! 이제 이 나라 국민들은 대한민국 국적 이외에 자미국 국적을 하나 더 취득하여야 할 것이다.

그 이유는 한 치 앞도 알 수 없는 현생의 삶은 물론 육신의 사후 세상까지 악귀잡귀 귀신들의 해코지에서 하늘과 땅으로부터 절대적인 보호를 받고 살아갈 수 있기 때문이다. 악귀잡귀 귀신들은 여러분의 인생이 아픔, 슬픔, 고통으로 불행해지기를 늘 바라고 있어서이다.

인간의 눈에 보이지 않는 이들 귀신들 때문에 여러분의 인생이 하루아침에 몰락하고 있으므로 하루라도 빨리 자미국 국적을 취득하여 하늘과 땅으로부터 보호받고 살아야 한다.

대단하신 하늘과 땅의 원과 한을 우리 한민족이 먼저 풀어드리면 한민족 전체의 원과 한이 풀어지기 때문에 개인은 개인대로, 기업은 기업대로, 대한민국 정부는 정부대로 각기 태산처럼 높게 쌓여 있는 원과 한이 모두 풀어진다.

이로 인하여 이 나라 대한민국은 하늘과 땅의 절대적인 보호와 지킴을 받아서 전 세계 최고의 중심 국가로 발전할 수 있고, 기업들은 글로벌기업으로 고속 성장할 수 있다. 각자의 개인들은 아픔과 슬픔, 고통의 지옥세계에서 벗어나 기쁨과 행복 누리며 살 수 있는 태평성대 세상에서 살게 된다.

인류가 오랜 세월 기다려오던 이상향의 세계, 지상천국, 지상낙원, 유토피아, 무릉도원의 세계는 종교세계를 통해서가 아닌 자미국을 통해서만 열리게 되어 있으니 이제까지 꿈만 같은 이상향의 세계를 종교 안에서 찾고자 했던 독자들은 자미국을 통하면 속히 이룰 수 있을 것이다.

저자가 체험한 진짜 하늘의 원력은 너무나 대단하시기에 말이나 글로 표현한다는 자체가 송구스럽고 부끄러울 정도이니 여러분도 입천제와 천인합체의식을 행하여 하늘과 땅의 사랑과 보호받는 자미국 백성과 천인으로 재탄생해야 한다.

두 저자를 통해서 보여주신 하늘과 땅의 대단하신 능력은 우리 인류의 상상을 초월하시기에 송교인이든 일반인이든 에이, 말도 안 돼, 라고 할 정도로 황당하고도 대단하시기 때문에 오히려 믿지 못하겠다는 독자들이 대다수였다.

여러분이 세상 이론과 종교 이론에 너무나 많이 속고 살다 보니까 자미국에서 일어나는 경천동지할 경이로운 하늘과 땅의 대단한 원력까지도 부정하고 있다.

인간사의 근심 걱정은 하늘의 진실을 두 저자를 통해서 전하시는 신명님이신 천상선감님, 하나님이신 천상천감님, 미륵님이신 천상도감님, 태초 인간이신 자미인황님을 만나면 소리 소문 없이 모두 사라질 일들이다.

종교 안에 들어가서 열심히 기도하던 것도 이분들을 만나 사랑과 보호, 구원받기 위함이었다. 그래서 이제는 수시로 욕심 기도하는 종교시대도 끝났다.

입천제, 천인합체의식을 행하여 여러분과 가족, 조상님의 이름이 천상장부에 올라가면 수시로 굿이나 천도재, 기도를 올리지 아니하여도 현생과 사후세계까지 하늘의 끝없는 지킴과 보호를 받으며 살아갈 수 있게 된다.

종교세계는 열심히 지극 정성으로 기도해야 하고, 정성을 보이려면 밤새워가면서 철야 기도해야 한다고 말하는데 자미국은 오히려 기도하지 말라고 권한다. 열심히 지극 정성으로 기도하면 할수록 인생이 잘 풀리는 것이 아니라 더 어려워진다고 말하니 이해가 잘 안 될 것이다.

여러분의 눈에는 귀신들이 보이지 않는다는 약점을 이용하여 각자의 몸으로 악귀잡귀, 사탄마귀들이 무수히 들어오기 때문에 기도하면 할수록 각자의 인생이 더 뒤집어진다는 것을 체험한 사람들도 많을 것이다.

여러분은 이런 진실을 몰라보고 열심히 기도하고 있다.

하늘과 땅은 기도한다고 응감하는 것이 아니라 여러분의 마음이 올바른지 살피신다.

각자가 기도하는 것은 어떤 절대자에게 자신의 소원을 들어달라고 비는 의식인데 정작 여러분은 그 절대자가 바라고 원하는 원과 한을 풀어준 적이 있었는지 묻고 싶다.

자신들이 이루고 싶은 소원을 하늘에 미리 맡겨놓고 내놓으라고 비는 것인가? 그리고 소원을 빌 때 어느 하늘에게 소원을 이루어 달라고 비는 것일까? 하늘은 하나가 아니라 수천억 개도 넘는다고 이미 말하였다.

지옥세계 하늘에 비는 것인지, 축생계, 아귀계, 아수라계 하늘에 비는 것 아닌지 묻고 싶다.

여러분이 하늘인지 알고 빌었던 대상은 진짜 하늘이 아닌 종교 창시자와 그의 제자들이 세운 가짜 하늘이었음이 자미국의 수많은 의식을 통해 천상에서 오신 대단한 신명님, 하나님, 미륵님께서 가르쳐주시었다.

석가님, 예수님, 성모님, 상제님, 공자님께 빌었다고 생각하는 교인, 신도, 신자들도 실상은 이분들을 사칭하여 종교를 세운 알 수 없는 귀신들에게 빌었던 것이라고 밝혀주셨으니 정말 기가 막힌 일 아니던가?

그래서 종교를 열심히 믿으면 믿을수록, 기도하면 할수록 귀신들이 삭자의 봄으로 들어오기에 여러분 인생이 엎어지고 뒤집어지는 것이었다.

종교를 다니면서, 기도하면서, 제사와 차례를 지내면서 불러들인 수많은 귀신들은 한 번 들어온 이상 여러분이 싫어한다고 쉽게 나가는 것이 아니기에 무섭다는 것이다.

종교를 다니면서, 기도하면서, 제사와 차례를 지내면서 불러들인 수많은 귀신들은 여러분뿐만이 아니라 가족들 몸으로도 들어가서 사업실패, 부부싸움, 이혼과 별거, 우울증, 불면증, 고소고발, 단명, 자살충동, 사건사고를 일으키고 있지만 여러분은 이런 진실을 알 수도 들어본 적도 없을 것이다.

인생이 엎어지고 뒤집어져서 아픔, 슬픔, 고통스런 삶을 살고 싶거든 지금처럼 자신들이 믿고 다니던 종교세계를 열심히 다니고, 이제라도 자미국에서 두 저자가 전하는 진실이 맞는다고 생각되거든 하루라도 빨리 자미국에 예약하고 방문해서 상담부터 받아보아야 한다.

여러분이 그동안 알게 모르게 불러들인 온갖 귀신들을 내보낼 수 있는 방법은 이 세상에 난다 긴다 하는 수많은 종교세계의 교주(스님, 보살, 법사, 신부, 목사, 심령술사, 도인, 도사)들이 있지만 자미국 이외에는 없다는 점을 밝힌다.

사람 눈에 보이지 않는 이들 귀신들은 하늘과 땅의 도움을 받지 않고서 인간의 능력만으로는 내보낼 수 없기 때문이다.

종교를 다니면서, 기도하면서, 제사와 차례를 지내면서 알게 모르게 불러들인 수많은 귀신들과 여러분이 지금 함께 살아가고 있지만 이들이 들어왔는지 나갔는지 여러분의 능력으로는 구분 자체도 할 수가 없다.

각자의 인생이 귀신들로 인해서 풍비박산이 날 정도로 뒤집어지고 엎어졌는데도 귀신들의 소행인지도 모른 채로 삼재 때문에 혹은 운이 없어서 재수가 없어서라고 말한다. 천상에서 종교를 믿지 말라고 가르쳐주신 것은 이들 귀신들을 불러들여 인생이 더 힘들어지기 때문이었다.

인류 최초의 자미국은 신흥종교의 출현이 아닌, 인류와 종교를 하나로 통일하는 중심 국가이자 하늘과 땅, 조상님, 영들, 대한민국과 국민들의 원과 한을 풀어주는 유일한 곳이다.

또한 수많은 사람들이 산속에서 또 때로는 종교(천주교, 기독교, 불교, 무속, 도판, 대순 등등) 단체에서 수많은 세월의 시간 동안 하늘과 도, 인생을 통하고자 수행하며 애쓴 사람들에게 진정한 도가 과연 무엇인지? 어떻게 하면 그토록 열망하던 하늘과 도, 인생길을 통할 수 있는지?

또한 나는 누구인가?에 대한 명쾌한 해답과 인간으로 온 사명 완수를 전하여 그동안 하늘과 도, 인생길을 통하고자 애쓰고 수많은 의문점들을 가슴에 안고 살아온 사람들의 가슴과 삶을 좀 더 따뜻하게 좀 더 시원하게 해주는 종교를 초월한 곳이다.

자미국을 아는 것이 하늘과 도, 인생길을 통하는 유일한 길이고, 여러분과 가정이 얻고자 하는 평안과 행복, 현생과 내생을 보장 받는 길이다.

성공한 인생길은 종교가 아닌 자미국과 함께하는 것이다.

석가부처님의 사후세상 진실

조상님들은 지금까지 우리가 행했던 천도재나 굿, 기도를 통하여 천상세계, 극락세계에 올라 편히 잘 있는 것이 아니라, 조상님 영가보다 더 힘세고 무서운 귀신에게 유괴되어 잡혀가 귀신들에게 갖은 수모와 갖은 협박, 갖은 조롱을 받으며 하루하루를 힘들게 살아가고 있다는 진실이 진정한 하늘 천상도감님의 위대함으로 이 땅에 밝혀지고 있다.

불교인들은 절에 가서 미륵부처님, 석가부처님, 지장보살님 등등을 찾으며 지극정성을 발원하며 100일 기도, 1000일 기도 열심히 하고, 1천 배 혹은 3천 배, 1만 배의 절을 올리고, 해마다 때마다 행하는 행사에 열심히 참석하고 천도재 열심히 올리면 복 받아 잘 살고 각자의 조상님들이 극락세계, 정토세계에 올라 편히 잘 있는 줄 알았지만 이 모든 것들이 무용지물이었다.

이 저자의 보이지 않는 진실을 무엇으로 증명할 것인가? 의문을 갖는 독자들도 있을 것이다. 각자 현실의 삶이 지금까지 각자가 종교에서 행한 대가에 대한 증명서이다.

병원 카드, 고소 고발장, 사업폐지, 이혼장, 구속 수감, 불구, 장애아 탄생 등 이 모든 일들이 각자의 인생에 일어나는 것은 우연의 일이 아니었다.

재수가 없어서도 아닌, 삼재 때문도 아닌, 팔자 운명 때문도 아닌, 신의 가물 때문도 아닌, 우연의 일도 아닌, 신랑 때문도 아닌, 부인 때문도 아닌, 자식 때문도 아닌, 주위 사람 때문도 아닌 각자가 이 세상에서 행한 그대로 받은 것이다.

콩 심으면 콩 심은 곳에서 콩이 나고, 사과나무를 심으면 사과나무에서 사과가 열리고, 장미꽃 나무를 심으면 장미꽃이 피어나듯이 자신의 인생에 상상을 초월하는 아픔의 고통이 일어남은 자신이 자신 인생에 아픔의 고통나무를 심고, 아픔의 고통 씨앗을 뿌렸기에 자신이 심고 뿌린 그대로 자신의 삶에 아픔의 고통이란 열매가 맺혔을 뿐이다.

콩 심은 곳에서 콩 나고 사과나무에서 사과가 열림.

당연한 이치이듯이 자신 인생에 아픔 고통은 저자가 말했듯이 자신들이 현실에서 심고 뿌렸기에 자신의 인생으로 열매가 맺혔을 뿐이다. 종교를 다니고 있는 사람들의 삶으로 끝도 없이 펼쳐지는 아픔과 고통의 정체.

잘못된 종교를 다닌 결과물이다.

종교가 옳으면 옳은 곳에 다닌 인간들의 삶은 행복해야 함이 맞을 것이다. 그러나 인간의 삶은 그렇지가 않다.

인간의 삶에 아픔의 고통!

종교에 다니면서 각자의 조상님들을 귀신세계로 보내어 각자의 조상님들을 더 힘들게 한 각자가 행한 대가이다. 조상님들을 더 힘들게 했기에 각자의 인생에도 아픔의 고통 열매가 맺힌 것이다.

불교!

수많은 사람들은 석가부처님의 뜻.

지장보살님의 뜻.

미륵부처님의 뜻으로 알고 있는데 사실은 그렇지가 않다.

불교는 석가부처님의 뜻도 아니고 미륵부처님의 뜻도 아니고 석가부처님, 미륵부처님보다 더 높으신 자미천황님의 뜻도 아니다. 또한 각자 조상님의 뜻도 아니다.

불교가 진정으로 석가부처님, 미륵부처님, 자미천황님, 각자 조상님의 뜻이 맞으면 불교인들은 모두 복 받아 잘 살고, 불교를 운영하는 스님들도 복 받아 잘 살고, 불교인이 많은 이 나라도 복 받아 잘 살아야 됨이 당연 이치 아니던가?

그러나 현실은 그렇지가 않다.

물론 개인적으로 가정불화, 사업실패, 우울증, 명예퇴직, 고소고발의 사건들도 개인이 감당하기 힘든 아픔의 고통이 분명하지만 인간의 아픔, 고통은 이제 이 차원을 넘어 대낮에도 유괴, 살인의 사건은 갈수록 증가하여 대낮에 돌아다니는 일도 무서운 세상이 되었다.

낯선 사람을 상대로 하는 장사와 사업도 마음 놓고 하기 힘든 세상이 되었다. 또한 가족 간의 살인도 증가하고 있어 나약한 우리 인간은 어느 한 곳도 마음 의지하며 편히 살 곳이 없어지고 있음이 지금의 현실이다.

석가부처님은,

살아생전 종교세상인 불교를 세워 자신(석가)이 인간세상을 떠난 후에도 후세에 사람들이 자신을 기억할 수 있도록 세세생생 불교 안에서 자신(석가)을 알려달라고 말씀하신 적 단 한 번도 없다고 말씀하신다.

또한 육신이 이 세상을 떠난 후에 불교 안에서 행하는 천도재에 참석하여 천도재를 올린 자들의 조상과 올린 산 사람을 구원하신다는 말씀도 하신 적 없다 하신다.

석가님께서는 살아생전 자신을 인간세상으로 보내신 도솔천의 하나님이신 미륵부처(천상도감)님을 인간의 삶이 다하는 날까지 그리워하고 또 그리워하다가 이 세상을 떠나신 것이다. 어찌 보면 일평생 하늘의 그 누군가를 그리워하다 이 세상을 떠났으니 가슴 찡한 일이다.

석가님은 살아생전 불교, 종교를 말씀한 적이 없다.

불교, 종교는 석가님 당사자께서 이 세상을 떠난 후, 석가님의 의지와 상관없이 후세 사람들이 세운 것이다.

또한 천도재도 석가님 의지와 상관없이 후세 사람들이 행한 것이지 석가님 당사자의 뜻도 아니다.

석가님은 살아생전, 죽는 그날까지 애절하고도 간절히 자신을 이 세상으로 보내신 천상도감님을 그리워하다 이 세상을 떠나가신 분이다. 이것이 석가부처님의 살아서의 진실이다.

불교!

종교!

천도재!

석가님 당사자의 뜻도 아니고, 석가님께서 이 세상을 떠난 뒤에 후세 사람들이 행하게 된 것이다.

자신들이 불교를 믿고 따르고, 천도재를 지내는 행위들.

왜 석가부처님을 섬기는 것이라 생각들을 하는가?

불교인들은 지금까지 석가부처님 뜻을 따른 것이 아니고, 석가부처님을 섬긴 것이 아니라 석가님께서 이 세상을 떠난 후에 불교를 창시하고 천도재를 창시한 그 창시자를 섬겼을 뿐임을 이 저자는 석가부처님의 말씀을 받아 진하는 바이다.

너무 엄청난 진실 아니던가?

전 세계 불교인 모두는 불교를 믿고 따르며, 천도재를 올리는 행위가 석가부처님의 뜻이라고 생각하여 행하였던 것인데 석가부처님의 뜻이 아니라고 불자들의 상상을 초월하는 말씀을 하시니 이 얼마나 엄청난 진실이던가?

이런 엄청난 진실을 밝힐 정도라면 인황님과 사감님이 그동안의 종교교주들과 완전 다른, 흔히 인류가 기다리던 그 어떠한 대단한 일을 할 인물, 큰일을 낼 인물이 분명하다는 어떠한 느낌들이 오지 않는가?

이름을 알린 전 세계 그 어떤 불교인도 이 진실을 인류에게 전한 자 단 한 명도 없다.

불교인 모두는 지금까지 석가부처님을 섬긴 것이 아니라 석가부처님 사후에 불교와 천도재를 처음으로 만든 그 누군가를 믿고 섬겼을 뿐임을 이 저자는 전하는 바이다.

진실이 이러하다 보니 절에 다니고 천도재를 지내고, 지장보살님을 부르고, 석가부처님을 불러보아도 힘든 인간의 삶에는 아무런 도움도 안 되고 오히려 더 힘들어질 수밖에 없었던 이유가 바로 이것이었다.

석가부처님은 인간이 만든 불교와 천도재에 전혀 관심이 없다 하신다. 석가부처님은 살아생전에 수많은 사람들에게 보여주었듯이 자신을 인간세계로 보내주신 천상도감님께만 관심이 있다 하신다. 중생들이 아무리 절에서 자신(석가)을 불러도 전혀 관심 없다 하신다.

석가님은 인간세상에 왔을 때도 부유한 가정에도 관심 없었고 자신에게 끝도 없이 잘해 주시는 부모님의 사랑과 애정에도 관심이 없었고 주위 사람들의 칭찬에도 관심 없었다 한다. 인간세상의 부와 명예(인도의 왕자 신분)를 포기한 채, 오로지 보리수 아래에 앉아서 그 오랜 세월 자신이 일심으로 그리워하고 사모했던 분은 오로지 미륵부처(천상도감)님 한 분뿐이라고 말씀하셨다.

석가님은,

"살아생전에도 그 모두가 부러워하는 부와 명예를 포기한 채, 오로지 천상도감님만 바라보며 살았던 나이기에, 내 육신은 물론 죽어서 흙이 되고 물이 되어 이 세상에 흔적조차도 없이 사라졌을지 모르지만 살아생전 천상도감님께로 향했던 마음만은 지금도 변함이 없다"고 하시었다.

그러시면서 세상의 수많은 나라에서 호화찬란하게 대웅전을 지어놓고 나를 부른다 하여도 내 마음은 움직이지 않을 것이니 불교인들은 석가인 나와 함께한다는 망상과 환상에서 하루빨리 벗어나라고 하시었다.

"석가인 나는 살아생전에도 부와 명예 모두(인도의 왕자 신분)를 이미 버렸다. 그것을 아는 세상 사람들은 그런 내가 대단하다고 나를 후세에도 잊지 못하고 기억하고 있는 것 아니던가?

하나는 알고 둘은 모르는 세상의 중생들이여!

그게 바로 나(석가)인데, 그랬던 내가 죽었다고 부와 명예에 눈이 멀어 불교에서 호화찬란하게 해놓고 나를 부른다고 내가 그리로 마음이 가고 눈이 갈 거라 생각들을 하는가?

난 살아생전에 이미 부와 명예를 버렸기에 지금보다 더 크게, 더 호화찬란하게 해놓고 나를 부른다 하여도 나는 절대 불교로 가지 않고 내가 살아생전에 그토록 그리워했던 천상도감님 계신 천상세계에 올라 천상도간님 곁에서 살아생진 못다 나눈 이야기 나누며 함께할 것이다.

짧은 인간의 삶이었지만 천상도감님과 떨어져 있는 그 세월의 시간은 나에게는 한없이 길었고, 지루하기만 한 시간들이었다. 또한 천상도감님과 떨어져 있는 그 자체가 나에게는 지옥의 삶이었다. 호화찬란한 불교도, 많은 부와 명예도 나에게는 아무 소용없다. 난 천상도감님만 있으면 된다.

난 지금 천상도감님 곁에서 너무도 행복한데, 이 좋은 걸 포기하고 지상의 불교로 오라고?

난 절대로 안 가니 불교를 믿는 불교인들은 환상과 망상에서 하루빨리 깨어나 나를 따라 1차로 천상도감님의 기운이 내리는 자미국으로 오고, 2차로 천상도감님이 계시는 도솔천 천상세계로 각자의 조상님을 천도해 주는 입천제를 행하도록 해라.

불교에서, 종교에서 행하는 의식에는 석가인 나도, 내 위에 계시는 천상도감님도 절대로 내왕을 안 할 것이니 진정으로 각자의 조상영가를 천도하고 싶은 자들은 불교 안에서, 종교 안에서 나를 오라고 부르지 말고 자미국에 찾아와 입천제를 통하여 나를 부를 때 만날 수 있다."

종교의식을 행하고 종교에 다녀도 인생이 더 힘들어지는 이유는 불교세계와 종교 안에는 석가 자신도 없고, 지장보살도 없고, 미륵부처(천상도감)님도 없기에 갈수록 힘들어지는 것이라고 전해 주셨다.

불교 안에는 불교를 처음으로 전하고 간 그 영혼이 주인이기에, 고로 인류는 불교를 처음으로 이 세상에 전하고 간 그의 영혼을 따르고 섬기고 있는 것이기에 갈수록 인생과 세상이 얽히어 고통이 끊이지 않는 것이라고 하셨다.

세상에서는 나를 4대 성인 중의 하나로 추대해 주고 있는데, 중생들 말대로 내가 성인이 맞는다면, 호화찬란한 종교로 가지 않음이 진정한 성인 아니던가?

 진정한 성인은 눈에 보이는 호화찬란함과 귀에 들리는 달콤한 말에 현혹되면 안 되고 이미 그 누군가가 공들여 크게 세워놓은 곳을 탐하지 말아야 하고, 혹시라도 그런 마음이 생기더라도 그 마음을 누르고 이겨냄이 진정한 성인 아니던가?

 난 이미 호화찬란하게 웅장하고 멋있게 세워놓은 불교세상과 도교세상, 다시 말해 종교세상을 떠나 새로운 세상 자미국으로 함께한다!

 자미국은 이제 시작 단계인지라 인간의 눈높이로 보기에는 이미 성행한 불교와 도교에 비교를 하자면 한없이 작고 초라한 곳이 분명하다. 그러나 성인은 눈에 보이는 웅장함과 아름다움을 중요시 여기지 않는다.

 나는 세상에 알려진 성인이기에 성인답게 호화찬란하고 웅장한 불교와 도교를 벗어나 이제 시작하는 자미국과 함께 천상도감님께서 선택하신 자미국과 함께하면서 석가의 역사를 다시 한 번 이 땅에 써보련다.

 자미국이 시작 단계라 이미 세워지고 알려진 불교와 도교에서 하는 것보다 많이 힘은 들겠지만 성인은 어떠한 일을 행함에 두려워하여 뒤로 물러서지 않고 당당히 나아간다. 두려움을 극복하고 당당히 나아가 그 무엇인가를 이루는 그 과정에서 성인이 되는 것이다.

 성인은 태어날 때부터 성인으로 태어나는 것이 아니라, 스스로 만들어가는 것이다. 자신의 욕심과 자신의 이득을 위해서 종교 안에서 빌고 비는 것은 성인이 되어가는 과정이 아니라 자신의 욕심과 자신의 이득을 점점 키워가는 과정일 뿐이다.

또한 조상영가를 살아 있는 자신들이 잘 살고자 사후세계 그 어딘가로 보내는 행위는 복 받을 행위가 아닌 한없이 무책임한 행위로써 산 사람들 자신들의 인생에 아픔과 고통의 씨앗을 심는 아주 무서운 행위이다.

이런 무서운 행위를 겁 없이 저지르는 불교로 석가인 내가 함께한다고? 이는 수천 년, 수억 년의 세월이 흘러도 절대로 불가능한 일이다.

어두운 세상에서도 세상을 밝게 하는 멋지고 훌륭한 일들이 그 얼마나 많은데, 멋진 일, 훌륭한 일을 다 마다하고 굳이 나쁜 일을 행할 이유가 없지 아니한가? 그래서 석가인 나는 불교와 도교와 영원히 함께하지 않을 것이고 자미국과 함께하면서 새로운 세상을 시작해 보련다.

종교에서 무서운 종교행위를 행하여 자신의 인생으로 아픔 고통의 씨앗을 심고 힘들게 살아가는 산 중생들도 불쌍하지만 인간으로 온 귀한 인간의 삶을 평생 종교교주 역할을 하다 사후세상으로 오는 중생들도 불쌍하기는 마찬가지이다.

귀한 인간의 삶을 통해 넓은 세상에서 세상을 이롭게 하며 살 길이 많고도 많은데 교주 자신의 인생도 힘들고 자신을 믿고 따르는 자들의 인생도 힘이 든다.

다시 말해 모두가 더 힘들어지는 모진 길을 왜 가는지? 참으로 답답하다.

모진 길을 간다고 성인이 되는 것이 아니라 자신이 먼저 수많은 유혹과 수많은 번뇌를 진정으로 뛰어넘어 진정으로 옳은 길로 가서 그 옳은 길로 많은 사람을 인도하여 많은 자들이 자신의 노력으로 더불어 행복하고 진실을 알게 됨이 성인이 되는 길이지, 서로가 서로를 힘들게 한다고 성인이 되는 것이 아니다.

성인의 기준은?

누가 더 모진 인생, 힘든 인생을 살았느냐에 있는 것이 아니라 누가 진정으로 세상을 이롭게 했느냐에 있다. 종교의식을 행하여 각자의 조상영가가 못된 귀신에게 잡혀가 더 힘들어지게 한 종교의식을 행한 중생!

종교의식을 행하여 중생들의 조상영가가 못된 귀신에게 잡혀가 더 힘들어지도록 종교의식을 행해 준 종교교주들과 종교 지도자들! 누구의 잘잘못을 지적하려 하는 것이 아니라, 모두가 힘든 삶을 사는 이유를 석가인 나는 밝히는 것뿐이다.

또한 종교교주, 종교를 다닌 중생들!

모두의 귀한 인생이 어둠 속으로 소리 소문도 없이 가라앉고 있음이 안타까울 따름이고, 인류 모두가 종교의 피해자가 되어감이 안타깝고도 안타까워 자미국을 통하여 진실을 말할 뿐이다.

누가 잘못했다는 것이 아니다.

누구의 잘못으로 인하여 수많은 인류가 그 잘못됨이 잘못됨조차도 모르는 채, 함께 행하며 함께 힘들어짐이 가슴 절절하게 안타까워 자미국을 통하여 진실을 전한다.

천상도감님과 함께 자미국에 함께하면서 인류에게 진실을 좀 더 자세히 제시하고 입천제와 천인합체의식을 통하여 잘못된 인류를 감히 천상도감님 곁에서 구원해 보고자 나 석가의 진실을 전하는 것이다.

석가의 시대는 천상도감님과 자미국의 인황, 사감과 함께 또한 자미국에 찾아오는 인류의 중생들과 함께 새롭게 시작될 것이다. 성인인 나의 짧은 삶을 통해서 보여주었다.

행복 프로젝트 191

그렇듯이 인간이 잘났다고 영원히 살 수 있는 것도 아니고, 부자로 태어나 부자로 살고 혹은 자수성가하여 부자가 되어 물질의 풍요가 채워졌다 해서 마음까지 풍요롭고 마음까지 인간 스스로 채울 수는 없다.

인간이 재주가 많다 해도 사는 동안 각자 인생에 근심, 걱정, 질병 없이 행복하게 잘 살 수 있도록 재주 부릴 수 없고, 인간이 지극정성으로 산속에서, 절에서, 기독교에서, 기타 등등에서 각자 나름대로 기도를 열심히 한다고 도를 통할 수 없다.

각자 인간은 그저 마음을 정갈히 하고, 생각을 정갈히 하며 하늘과 땅의 도리대로 살려 할 때, 하늘에 어떤 분께서 이런 우리 불쌍한 중생들을 불쌍히 여기시어 하늘 스스로 중생을 구원하여 주시고자 중생에게 자비를 내리실 때이다.

이럴 때 중생들은 건강, 행복, 충족, 만족, 깨달음의 경지에 이르게 되는 것이지 인간이 노력한다고, 착하게 산다고 중생들 스스로 이룰 수 있는 부분은 절대로 아니다.

중생들 스스로 잘났다 하지 말고, 진정한 하늘 천상도감님께 모든 것을 의지하며 천상도감님의 말씀과 가르침대로 살 때, 어지럽고 복잡한 중생들의 삶과 인생에 근심 걱정 없는 용화세상이 열리게 된다.

또한 복잡한 중생들의 삶을 정화시켜 주고 안정시켜 주실 분은 도솔천의 하느님이신 천상도감님이심을 만 중생들은 인정하고 석가님의 가르침을 받들어 자미국과 천상도감님을 받들어 섬김이 중생들의 당연한 근본 도리이자 예의이다.

사후세상의 진실

각자의 짧은 인생에 있어 부귀영화, 금전, 출세를 쟁취한 자가
인생의 승리자인 것 같겠지만
진정한 인생의 승리자는 하늘의 말씀에 순응한 자가
인생의 승리자,
다음 생에 진정한 승리자가 될 수 있다.

인생의 부귀영화, 출세, 삶을 풍요하게 해주는 금전의 넉넉함
그 모든 것들이 영원할 것 같지만
인생사에 있어 영원이라는 것은
이 세상에 어느 것 하나도 존재하지 않는다.

영원히 자신의 곁에 머물며 자신을 지켜줄 것 같았던
육신의 부모, 육신의 형제, 육신의 자손
또한 각자 자신의 육신도
때가 되면 하늘의 법칙에 따라

육신의 옷을 벗고 자신들의 곁을 떠나가듯
금전이라는 것도, 부귀영화라는 것도,
때가 되면 소리 소문도 없이 자신들의 곁을 떠나게 되는 것이

인간세상의 이치이고 인간세상의 보이지 않는 법칙이다.

모든 이들에게 평등한 죽음!
죽음이라는 세계는 어떤 이들도 피할 수 없다.
죽음이라는 것은 끝을 의미하는 것이 아니라
새로운 삶의 시작을 알리는 하늘의 신호이다.

봄, 여름, 가을에 예쁘게 꽃을 피우고
열매를 맺었던 식물들도 겨울이 되면 꽃과 열매를 감추고
앙상한 나무만 남아 다음 해에
다시 살아날 수 있을까? 의아심도 생기게 만들지만
다음 해가 되면 또다시 예쁜 꽃과 열매를 맺듯이
인간의 삶도 자연의 이치와 같다.

죽음!
모든 것이 끝남.
모든 것이 정지됨을 알리는 신호가 아니라
자연의 법칙과 같이 우리 모두는 새로운
보이지 않는, 들리지 않는 새로운 삶을 시작하게 된다.

새로운 삶을 살아감에 있어
행복한 삶을 사는 영혼, 불행한 삶을 사는 영혼
크게는 두 갈래로 갈리게 된다.
짧았던 각자의 인생을 토대로
행복, 불행의 삶이 결정되어진다.

살아생전 하늘로부터 받은 사명!
입천제와 천인합체의식을 행한 순천자는
고통, 아픔, 질병이 없는 천상세계로 인도되어
살아생전의 복덕을 천상에 계신 분들께 인정받고 축하받으며
편안하고 행복한 새로운 삶을 살게 되고

살아생전에 하늘로부터 받은 사명!
입천제와 천인합체의식을 행하지 아니한 역천자는
고통, 아픔, 질병만이 존재하는 지옥세계로 인도되어
살아생전의 악덕을 천상에 계신 분들께 심판받고

자신들이 살아생전 무시한 신과 각자 조상들의 저주를 받으며
살아생전 하늘의 명을 거역한 죄, 조상님들을 구박한 죄가
그 얼마나 무서운 대죄였는지를 자신들 스스로가
새로운 고통의 삶을 통하여 깨닫게 된다.

어제라는 시간이 지나 오늘이 있고
오늘이라는 시간이 지나면 내일이라는 시간이 오듯이
인간의 삶 역시도 영원한 것 같지만
언젠가는 우리 인간도 오늘이라는 시간을 지나
인간의 삶을 정리하고 다음 생으로 가야 한다.

다음 생으로 감에 있어 무의미하게,
아무 대책도 없이 훌쩍 떠날 것인가?
아니면 입천제, 천인합체의식을 통하여

장구한 사후세상을 완벽하게 준비할 것인가는 각자의 몫이지만
하늘과 사후세상의 진실을 깨달아 장구한 사후세상의 삶을
준비할 수 있는 자가 현명한 자라 할 수 있다.

인간의 짧은 삶을 사는 동안
각자의 행복한 삶, 안정된 삶을 영위하기 위하여
각자들 나름대로 저축도 하고, 보험도 들고, 투자도 하고 있다.

각자의 재산이 늘어나고
각자의 인생에 있어 출세를 하였다 하여도
늘어난 인간의 재산과 인간의 출세로
가는 세월 막을 수 없고
육신으로 퍼지는 이름 모를 인간의 질병과
인간사의 아픔, 고통, 번뇌 막을 길 없고

가족들의 풍화환란 막을 길 없고
사후세상으로 떠나가는 사랑하는 이들의
죽음을 막을 길 없고
세월의 흐름 속에 자신의 죽음 길조차도 피할 길 없으니
인생사의 부귀영화, 금전 이 모두가 무슨 소용이란 말이던가?

인간의 삶이 끝나 육신의 옷을 벗는 순간
인생사의 부귀영화, 출세도 함께 벗어버리고 나니
각자에게 남은 것은 각자의 영혼과
살아생전에 행한 무거운 죄밖에 없어라.

살아생전 각자의 조상영가를
입천제의식을 행하여 조상영가를 구원한 효녀효자들!
인간육신의 옷을 벗자 구천세계, 귀신세계 방황하지 말고
근심, 걱정 없는 천상세계로 오라고
각자의 조상영가들이 환영을 해주니
그 기쁨을 인간사의 어떤 기쁨에 비교하리오.

살아생전 하늘의 선택을 받는
천인합체의식을 행하여 천인으로 탄생한 하늘의 자손들!
인간육신의 옷을 벗자
천상세계에 계신 분(천상도감)의 명을 받고
천상세계에 계신 분들이
천상세계로 천인을 인도해 가,
살아생전 천인합체 참 잘 행하고 올바르게 잘 살다 왔다고
극진 대우를 해주니
이 큰 기쁨을 세상의 어떤 기쁨과 견줄 수 있으리오.

장구한 사후세상의 유일한 대비책은
천도재, 기도정진, 촛불발원, 1천 배, 3천 배의 절이 아닌
바로 입천제와 천인합체의식이었네.

행복과 행운의 기회!
입천제와 천인합체의식을 행한 자의 것이다.

인간의 사리사욕으로 가득 차고

종교로 가득 찼던 인간의 마음을
진정한 하늘을 향해, 진실을 향해, 값진 삶을 향해
무의 상태로, 깨끗한 상태로 만들어라.

무의 상태, 깨끗한 상태로 만들다 보면
자미국 세계가 보이게 될 것이고
행복의 세계가 보이게 될 것이고
기쁨의 세계가 보이게 될 것이다.

우물 안의 개구리가 되어 발전도 없는
종교 안을 빙빙 도는 정지된 삶을 살지 말고
세상을 좀 더 높게 좀 더 넓게 좀 더 멀리 보다 보면
하늘의 사랑과 보호를 받게 되는 영광을 누리게 되니

세상의 종교인들아!
홀로의 인생인 외롭고 고독한 힘든 삶을 더 이상 살지 말고
하늘과 함께 각자의 조상님과 각자의 가족들과 함께할 수 있는
천인합체의식을 통하여
서로서로 진정으로 사랑하는 완성된 삶을 살아가도록 하여라.

오늘이라는 시간은 내일이라는 시간을 맞이하고 있듯이
인간 삶의 시간이 다하면 사후세상이라는 삶의 시간이
우리 모두를 맞이하고 있음을 한시도 잊어서는 안 된다.

하늘의 사랑은 이론이 아닌 실제상황

하늘의 사랑은 우리 인간 가까이에 있다.

종교에서 배웠듯이 멀리, 사후세상에 있는 것이 아니라 우리의 삶에, 우리의 곁에, 우리와 함께 숨 쉬고 있다.

지금은 4살이 된 아기의 얘기를 통해 하늘과 구원받은 조상님이 우리 인간과 어떤 관계에 있는지, 우리 인간에게 하늘과 조상님은 어떤 존재인지 종교에서 밝힌 것과 다르게 좀 더 정확히 밝히고자 한다.

아기가 어렸을 때, 한 5개월 정도 때의 일이다.

5개월이니까 혼자서는 거의 움직일 수 없는 상태다.

아기를 돌보는 아주머니가 아기를 업고 외출을 하고 돌아와 아기를 식탁 위에 앉혀두고 잠깐 화장실을 가고, 나는 아기의 기저귀를 가지러 잠깐 등을 돌렸을 때, 움직이지도 못하는 아기가 몸을 옆으로 잠시 움직이는가 싶더니 아기를 잡을 사이도 없이 식탁 밑으로 떨어지는 것이 아닌가?

순식간에 일어난 일이라 아주머니와 나는 손 쓸 시간도 없이 둘이 "아~!" 하면서 소리를 질렀다.

그런데 식탁에서 떨어진 아기는 바닥에 사뿐히 내려앉는 것이 아닌가? 아차 하는 몇 초 안에 벌어진 일이지만 아기가 식탁에서 떨어질 때는 분명히 아기의 몸이 옆으로 기울어져 옆으로 떨어지고 있었는데, 바닥에 떨어진 아기는 옆으로 떨어진 것과는 달리 바닥에 사뿐히 내려앉아 아무 일도 없었던 것처럼 환히 웃고 있는 것이 아닌가?

하늘과 조상님들께서 떨어지는 아기를 사람이 안듯이 받아주셨던 것이다. 참으로 신기한 일 아니던가?

하늘에 계신 분과 육신이 없는 조상님들은 우리 인간처럼 팔이 있는 것도 아닌데 어떻게, 어떤 방법으로 아기를 받아주신 것인지 그저 신기하고 신기할 따름이다. 인간처럼 팔이 있어야 떨어지는 아기를 받아줄 것이 아닌가?

또 신기한 것은 눈앞에서 지켜본 아주머니와 나는 너무 짧은 시간에 일어난 일이라 아기가 떨어지는 것을 보고도 미쳐 아기를 잡지도 못했다.

그런데 우리와 아득히 먼 곳에 계시는 하늘과 조상님들께서는 어떻게 아기의 사고를 순식간에 막을 수 있는 걸까?

거리로 치면 나는 아기와 한 팔 정도의 간격에 있었고, 하늘과 조상님은 우리 인간이 상상할 수도 없는 아주 머나먼 세계에 계시는데, 어떻게 하늘과 조상님들은 한 팔 정도의 간격에 있는 나보다도 더 빠르게 떨어지는 아기를 받아낼 수 있는 걸까?

정말 감사하고도 신기한 일이다.

또 한 번은 아기가 욕실에 들어가다 몸의 무게중심을 잃고 어디를 잡을 여유도 없이 욕실바닥에 쿵 소리를 내며 뒤로 벌러덩 넘어졌다.

깜짝 놀란 나는 아기를 부르며 얼른 달려가 안았다. 그런데 아기는 아무렇지도 않은 것이다. 그저 자신이 넘어졌다는 사실에 놀란 아기는 울음을 터뜨렸지만 금방 울음을 그치고 아무 일도 없었던 것처럼 웃었다.

세면 바닥에 뒤로 벌러덩 넘어지면서 머리가 부딪히는 쿵 소리까지 났는데 아기는 아무렇지도 않으니, 정말 하늘과 구원받은 조상님의 사랑과 능력에 감탄, 감사, 신기 그 자체이다.

이 광경을 지켜본 아빠와 일하는 아주머니 모두는 신기하고 또 신기해 하늘과 조상님의 능력에 감탄만 했다.

종교인들의 말대로 "믿습니다"의 하늘이 아니라, 인간의 삶을 구원해 주시는 "감사합니다"의 하늘이고 "놀랍습니다"의 하늘이고 "존경합니다"의 하늘이시고 조상님들이시다.

내 자식 내가 사랑한다 하지만 사랑한다는 마음만으로 자식을 불의의 사고에서 구할 수는 없는 일인데, 이렇게 예상치도 못한 숱한 위험과 사고에서 보호해 주시고 살려주시니 이 얼마나 감사한 일이고 신기, 감탄의 일이던가?

또 하루는 아기를 안고 계단을 내려가다 발을 헛디디는 바람에 아기를 안고 넘어지는 일이 벌어졌다. 아니 솔직히 말하면 굴러떨어졌다.

내가 아기를 안고 발을 헛디디는 바람에 몸의 중심이 순식간에 깨지면서 옆으로 넘어졌다. 머릿속에는 온통 '우리 아기 어쩌나' 하는 생각밖에 없었지만 순식간의 일이라 어찌할 수 없는 상황이었다.

수위에 5명의 사람들도 순간의 상황에 "어! 어! 어!" 하면서 안타까운 상황을 막을 길이 없었다. 몸의 중심을 잃고 아기를 안은 채 왼쪽으로 넘어지는 상황!

이기를 안은 채 왼쪽으로 넘어지니 내 팔에 안겨 있는 아기는 선택의 여지도 없이 아기의 몸은 계단 바닥에 닿아 어디를 다쳐도 다

치든가, 아니면 내가 몸의 중심을 잃으면서 내 의지와 상관없이 안은 아기를 내 팔에서 놓칠 수도 있는 상황이었는데, 이 급박한 짧은 시간에 또 하늘님의 큰 사랑과 조상님들의 큰 사랑에 놀라지 않을 수 없는 일이 벌어졌다.

5명의 사람들이 볼 때도 분명히 난 왼쪽으로 쓰러졌는데 순식간에 왼쪽으로 넘어진 나는 언제 왼쪽으로 넘어졌냐는 듯이 내 등(흔한말로몸의뒤는)은 계단 바닥으로 누운 채 아기는 가슴에 안고 20개 정도가 되는 계단을 휙 미끄러져 내려왔다.

아기는 머리털 하나도 다치지 않을 정도로 멀쩡했고, 방금 전에 무슨 일이 있었느냐는 듯이 아기는 하늘의 보호와 조상님의 보호로 멀쩡했다.

쉽게 표현하자면 아기를 내 가슴 위에 앉힌 채 밑으로 쭉 내려왔으니 아기는 놀이터에서 미끄럼 타는 느낌이었을 것이다.

물론 저자인 나는 많이는 아니지만 조금은 다쳤다.

걱정을 하면서 지켜본 5명의 사람들은 이 광경에 경악을 금치 못했다.

아기를 안고 왼쪽으로 넘어진 나는 아기가 품 안에 있었기에 자세를 바꿀 수도 없는 상황이었고 또한 급박한 상황 속에서, 계단에 등을 대고 누워 아기를 가슴 위에 앉혀야 아기가 안 다친다는 생각을 어떻게 한 것이고, 심지어 그 생각을 했다 한들 왼쪽으로 넘어지면서 어떻게 몸의 방향을 틀어 뒤로 넘어진단 말인가?

이런 상황을 대비해서 평상시에 아무리 열심히 훈련을 받았다 해도 인간의 능력으로는 불가능한 일이다.

이 상황을 지켜본 모두는 말했다.

계단에서 몸의 중심을 잃고 굴러떨어지면 자신의 의지와 상관없이 아기를 계단 바닥에 놓치게 되거나, 아기를 놓치지 않더라도 같이 굴러떨어지면서 서로 뒤엉켜 많이 다치거나, 서로 굴러떨어지면서 아기가 먼저 계단 밑으로 떨어질 경우 뒤에 떨어지는 사람이 그 아기를 덮쳐 둘 다 엄청 많이 다치게 되는데 어쩜 이렇게 신기할 수가 있냐고 하면서 놀라워했다.

병원의사도 진짜 신기한 일이라고 하면서 "인간이 아니다"라고 하였다. 너무나도 신기한 일이라면서 그렇게 될 경우 거의 큰 사고로 이어진다고 했다.

혼자 20개의 계단에서 굴러떨어져도 대형 사고로 이어지는데 어떻게 아기랑 함께 굴러떨어졌는데 아기만 멀쩡할 수가 있냐고 하면서, "대단한 일 하셨네요"라고 말했다.

또 어떤 사람들은 이 상황을 "모성애가 대단하네요"라고 말하지만 모성애의 자식 사랑 마음으로 아기를 살린 것이 아니라, 태상천존 자미천황님, 천상도감님, 천상천감님, 천상선감님, 조상님, 모두의 능력과 대단함으로 가능한 일이다.

앞에서도 말했듯이,

모성애의 자식 사랑하는 마음으로 자식을 불의의 사고에서 보호할 수 있다면 얼마나 좋겠는가?

자신의 인생과 가족의 인생은 진정한 하늘께서 보호해 주셔야 가능한 일이지, 모성애와 사랑의 마음만으로는 절대로 자신의 인생과 가족의 행복 인생을 지킬 수 없고 이룰 수 없다.

저자의 아기를 통해서 하늘과 조상님과의 사이는 종교에서 말하듯이 하늘과 조상님은 우리와 머나먼 세계에 따로 계시는 것이 아니라 우리와 아주 가까이에서 우리와 함께 숨 쉬며 동고동락하고 있다.

자미국을 통하여 입천제의식과 천인합체의식을 행하여 하늘과 조상님들께 선택받으면 이 저자처럼 위험의 길에서 나 자신은 물론 소중한 가족들의 삶까지 위험의 길에서 구원받아 잘 살 수 있게 된다.

우리 인간은 자신은 물론 사랑하는 가족들에게 언제, 어떤 불의의 사고가 일어날지 전혀 모른다.

인간의 삶에 일어나는 크고 작은 불의의 사고와 자살, 배신, 고소고발 등등의 일을 막아주시고 인간을 불의의 사고에서 살려주실 수 있는 분은 진정한 하늘과 입천제를 통하여 천상세계로 원과 한을 풀고 올라간 각자의 조상님들이다.

진짜 하늘 못 찾고, 조상님 구원 못하고 인간 각자의 삶을 살아간다는 일!

각자의 인생에 언제 터질지 모르는 시한폭탄을 각자의 품에 안고 사는 것처럼 위험한 일임을 알아야 한다.

우리 인간은 각자 인생과 가족의 삶에 대하여 한 치 앞도 예측할 수가 없다.

참으로 잘난 것이 인간인 것 같고, 강한 것이 인간인 것 같지만, 어찌 보면 인간은 참으로 나약하고도 부족하다.

그 아무리 비싸고 예쁜 컵일지라도 타일 위에 떨어지면 형태조차도 몰라볼 정도로 산산조각이 나듯이, 우리 인간이라는 존재도 강해 보이지만 어찌 보면 한없이 힘없고 나약한 존재일 것이다.

나약하고 부족한 인간이기에 나약하고 부족한 우리 인간은 누군가의 보호와 사랑을 받아야 인생에 빛을 보게 된다.

꽃과 나무, 대자연의 모두도 사람의 손길과 하늘에서 내리는 태양과 빗물, 그 밖의 모든 것이 충족되어야 성장할 수 있다.

하물며 우리 인간이 하늘과 조상님들의 보호와 사랑을 떠나 온전한 삶을 살 수 있다는 것은 불가능한 일이다.

진정한 하늘의 존재를 못 찾고 비참하게 살다 간 인류의 역사가 말해 주고 있고, 현 세상을 힘들게 살아가는 인류의 삶이 말해 주고 있다.

진정한 하늘 태상천존 자미천황님, 천상도감님, 천상천감님, 천상선감님을 잃고 살아온 인류의 삶은 모두가 아프고 아프다.

이를 해결해 보고자 인류가 지금까지 할 수 있었던 일은 종교집착이었다.

종교집착의 인생을 통하여 인간이 얻은 것은 더 큰 고통과 더 큰 불행뿐이었다. 종교의식을 행한 자, 종교의식을 해준 종교 창시자 당사자나 당사자 가족 모두 아프고도 슬프다.

모두가 아픈 인간의 삶.

진정한 하늘을 잃어버린 결과이다.

인간과 육신의 옷을 벗은 조상님들의 삶을 구원하실 수 있는 분은 진정한 하늘밖에 없다.

각자의 조상님은 입천제를 통하여 구원하고, 하늘은 천인합체 의식을 통하여 찾을 때, 미완성이었던 인간의 삶이 점점 완성의 삶으로 변하게 되어 아픔과 고통의 인생에서 벗어나 이 저자처럼 행복의 삶, 근심 걱정 없는 용화세상의 삶을 살 수 있게 된다.

진정한 하늘과 함께하는 삶.

구원받은 조상님들과 함께하는 행복한 삶의 수많은 이야기들은 나 자신은 물론 내 가족들을 통하여 수시로 현실에서 매 순간마다 일어나고 있다.

종교에서 말하듯이 사후세상에서가 아니라, 현재 살아 있는 나 자신의 삶을 통하여 수시로 일어나고 있으니 이 얼마나 감사한 인생이고 행복한 인생이던가.

감사한 인생, 행복한 인생.

이런 인생이야말로 모두가 진정으로 원하고 바랐던 용화세상 아니던가? 천상도감님과 함께하면서 천상도감님께 받은 사랑과 보호받은 사례를 모두 말하자면 책 수백 권으로 말해도 모자랄 정도이다.

독자 여러분도 이 저자처럼 천상도감님의 말씀대로 행하고 순응하여 천상도감님께 선택받고 보호받는 행복의 세상, 근심 걱정 없는 용화세상의 인생을 한 번 살아보지 않으시렵니까?

아빠와 4살짜리 아이의 대화 내용

4살짜리 아이의 노는 모습을 지켜보던 아빠는 아이의 행동에 화를 내며 한마디 한다.
"너 그렇게 하면 아빠가 맴매 한다."
아이는 아빠가 맴매 한다는 말에
"생각해요"라고 대답을 했다.
아빠는 4살짜리 아이의 신기한 대답에,
"뭐라고! 뭐하라고!" 하면서 되묻자
아이는
"생각해요, 참아요"라고 대답을 했다.
아빠는 좀 전보다 더 놀라며
"뭐라고! 뭐 하라고" 하면서 또 물었다.
아이는 아빠의 말에 또 대답을 했다.
"생각해요, 참아요, 진정해요"라고 말했다.
아빠는 아이의 말에 너무 놀라워하며,
"뭐라고! 뭐라고! 뭐라고"만 반복했다.
아이는 3개의 손가락을 치켜세우며 또 대답을 했다.
"세 개, 세 개" 하면서
"세 개 해, 세 개 해"라고 말했다.
아빠는 아이의 말에 신기하고, 기특하다 하면서 아이를 꼭 끌어

안으며 집안이 떠나가도록 웃으며 명언이라고 말했다.
　아이는 웃는 아빠의 모습에 기분이 좋은 것인지, 아니면 좀 전과 달리 화를 안 내는 아빠의 모습에 기분이 좋은 것인지는 모르겠지만 아이도 소리를 내며 웃는다.
　진정한 하늘과 입천제의식을 통하여 구원받은 조상님들의 능력은 인간의 상상을 초월한다.
　4살짜리 아이와 아빠와의 대화. 누가 봐도 4살짜리 아이가 말했다고 하기에는 불가능한 일이다.
　4살짜리 아이를 앉혀놓고 교육을 시켜도 될까 말까 한 대화이고 교육시킨다 해도 아이가 따라 하기에는 힘든 일이다. 하늘의 조화, 조상님들의 조화는 이토록 신기하고도 신기하다.
　종교에서처럼 사후세상에서 복 받아 잘 사는 것이 아니라 살아있는 우리 인간의 삶을 통해 느끼고 보호받으며 밝게 웃으며 잘 살게 해주시는 분들이 진정한 하늘과 각자의 조상님들이시다.
　인간의 입을 움직이시고, 인간의 마음을 움직이시고, 인간의 몸을 움직이신다.
　인간과 다르게 육신이 없으신 하늘과 조상님들이시지만, 우리 인간이 육신을 지니고 행하지 못하는 부분을 척척 해내시고 척척 해주시는 신비와 감탄! 그 자체의 분들이시다.
　불의의 사고에서 때와 장소, 시공간을 초월하여 언제나 보호해주시어 건강한 육신의 삶을 살게 해주시고 인간의 마음과 몸, 모두를 통하여 조화능력을 내리시어 서로 밝게 웃으며 살게 해주시니 이보다 복 받은 인생이 이 세상 어디에 있으리오.
　물론 인간세상을 살면서 부귀영화와 출세가 중요하다.
　그러나 인간의 부귀영화와 출세로 인간 각자 인생으로 찾아오는 불의의 사고를 막을 수 없고, 각자 인생으로 찾아오는 고통과 아픔을 부귀영화와 출세로 채우고 해결할 수 없다.

이 저자가 하는 말은, 인생은 인생 나름대로 최선을 다하며 열심히 살면서, 각자의 인생과 사랑하는 가족들의 삶을 진정한 하늘에 의탁하며 산다면, 그 사람의 인생은 모두가 꿈꾸는 용화세상의 삶이 될 것이다.

자미국은 종교에서처럼 우리 인간과 너무도 멀리 있어 살아생전 영원히 함께할 수 없는 파란 공간의 하늘과 조상님들의 존재를 밝히고 전하는 것이 아니라 우리와 밀접히 있는 하늘과 조상님들의 존재를 밝힘으로써 하늘과 조상님들과 좀 더 가까이 다가가 서로가 행복한 세상을 이룸이 목표이다.

의식을 행한 뒤, 돈을 많이 벌게 해주고, 출세하게 해주는 곳이 자미국이 아니다.

불의의 사고에서 각자 육신과 각자 가족들의 생명과 건강을 안전하게 지켜주고 마음의 안식처를 찾아줌으로써 외롭고 쓸쓸한 인간의 마음 안에 하늘과 조상님들을 찾아주어 마음의 넉넉함을 안겨준다.

천지자연의 이치와 근본 도리를 알아 진리에 순응하며 진정한 인간답게 살아갈 수 있도록 인도하고, 그동안 잘못된 종교교리에 갇혀 살아온 인간의 정신과 마음을 깨끗이 정화시켜 주는 역할을 하는 곳이다.

하늘과 땅의 진실, 각자 조상님들의 눈물과 고통은 관심조차 없이 자신의 명예와 소원성취에만 관심이 있는 자들과는 자미국은 맞지 않는다.

자미국은 인간의 욕심을 이루어주는 곳이 아니라 하늘과 땅의 진정한 진실을 교화하여 하늘과 땅의 진실에 순응하며 인간답게 사는 법을 가르쳐주는 곳이다.

하늘과 땅의 진실에 순응하며 살다 보면 천복만복은 자연스럽게 보너스로 얻게 되는 것이다.

그런데 각자는 근본 도리를 행하지 않은 채 하늘과 각자의 조상님들께 각자의 욕심인 소원만 이뤄달라고 한다면 그 뜻은 영원히 이룰 수 없기에 자미국과 함께할 수 없고, 하늘과 각자의 조상님들과도 함께할 수 없다.

조상님을 한 번에 구원하는 의식

산 자손들은 이미 가신 조상님들의 절박한 고통을 실감할 수가 없기에 수수방관하며 고통의 삶을 살아가고 있다. 인간세계가 존재하듯이 영혼세계, 천상세계, 지옥세계도 존재한다.

조상님을 위한 굿과 천도재, 도교 단체에서의 도통주문, 마음수련원에서의 마음수련, 기타 종교에서의 종교의식으로는 산 사람들의 몸에 들어와 있는 조상님과 때로는 신, 귀신으로부터 자유로워질 수 없다.

조상님 구원인 입천의식을 행하고 나면, 명절차례 및 제사, 산소 이장 및 화장 문제, 모든 고민이 일시에 해결된다.

언제까지 이런 문제로 고민할 것인가?

몇 년 전부터는 제사와 차례가 끝난 뒤 이혼하는 부부가 점점 늘어나고 있다고 매스컴에서는 전하고 있다.

또한 제사와 차례에 참석하고자 고향으로 향하다 교통사고로 이 세상을 등지는 사고수도 점점 늘고 있다고 전하고 있다.

이 모두는 우연의 일이 아닌 하늘의 지엄하신 메시지이자 말씀이시다.

더 이상 제사와 차례, 화려한 산소로 산 사람들의 삶이 조상님들로부터 편안해질 수 없음을 알리는 하늘의 신호이다.

굿과 천도재, 기도 수행정진, 제사와 차례, 화려한 산소, 기타 등등을 소화할 수 있고 이 모두를 능가하는 것이 입천제이고 입천제만이 산 사람들의 삶을 행복하게 해줄 수 있는 유일한 길임이 현실을 통하여 입증되고 있다.

제사와 차례가 진정으로 옳은 길이고, 조상님들을 위한 길이라면 제사와 차례를 지내러 가는 중, 오는 중에 좋은 일들이 일어나고 가는 중, 오는 중, 지내고 난 뒤 복 받아 잘 살아감이 맞지 어찌하여 이혼에 사고로 사망, 기타 등등 인간이 인내하기 힘든 고통의 일이 생기겠는가?

이 모두는 의미가 없고 안 한만 못하다는 하늘 천상도감님의 말씀이시다.

제사와 차례뿐만이 아니라 굿과 천도재, 마음수련, 도통주문, 기도를 한 뒤에도 각자의 인생에는 좋은 일이 생기는 것이 아니라 이혼, 심장마비, 교통사고, 우울증, 사업 실패, 자살 충동, 부부 갈등 등의 많은 우환이 일어난다.

이 모두는 무엇을 의미하는가?

한마디로 우리 산 사람들이 옳다고 행하고 있는 이 모두는 아니라는 뜻이다.

위대하신 하늘 천상도감님께서 아니라면 아닌 것이다.

아닌 것을 반복해서 행하면 손해를 보고 아픔을 감당해야 하는 것은 우리 인간의 몫이다.

천상도감님께서 인간이 아픔과 고통, 질병에서 벗어나 행복해질 수 있는 길을 우리 산 사람들에게 자미국의 두 저자를 통하여 진실을 밝혀주시고 계시니 천상도감님의 말씀과 가르침을 믿고 각자가 다니던 종교의 굴레, 이론의 굴레, 형식의 굴레에서 과감히 벗어나 자미국으로 찾아와 입천제와 천인합체의식을 행한다면 이보다 더 좋을 수는 없을 것이다.

또한 종교의 굴레, 이론의 굴레, 형식의 굴레에서 벗어나 자미국으로 향한다면 고통의 굴레, 아픔의 굴레, 질병의 굴레에서도 벗어날 수 있게 된다.

모든 것을 행함에 우리 인간은 지금의 삶보다 더 나아지고자 기도도 하고, 굿도 하고, 천도재도 지내고, 제사와 차례도 지내는 것이고, 호화스런 산소도 마련하는 것이다.

그런데 그로 인해서 우리 산 사람들의 인생과 가정, 사회, 세계가 더 힘들어진다면 과감히 포기함이 현명한 인간이고, 많은 사람들이 기다리던 천상도감(미륵존불)님께서 아니라면 인간이 포기할 줄도 아는 것이 하늘에 대한 도리 아니겠는가?

하늘께서 아니라고 가르쳐주시는데도 인간의 고집과 아집, 오래된 관습으로 따르고 행하지 못한다면 각자 인생의 고통과 아픔, 질병, 배신의 상처 또한 자신의 몫일 수밖에 없다.

인생의 행복을 원하고 바라는 자!

천상도감님의 말씀대로 그동안 각자가 옳은 것인 줄 알고 행했던 굿과 천도재, 기도정진, 제사와 차례 등에서 벗어나는 입천제 의식을 행하면 된다.

인생의 불행을 원하고 바라는 자! 천상도감님 말씀 부정하면서 천상도감님의 말씀과 반대로 굿과 천도재, 기도정진, 제사와 차례를 반복해서 행하면 된다.

입천제는 살아생전 딱 한 번만 지내면 되는 의식이다. 각자가 어떤 종교를 믿었든 아무런 제한이 없으며, 조상님 입천제의식 이후 굿과 천도재, 제사와 차례를 지내시 않아노 되는 신성하고 고귀한 하늘의 의식이다.

기존에 굿과 천도재를 모방하거나 굿과 천도재를 바탕으로 조금 다르게 행하는 차원이 아닌, 인간 탄생 이후 처음으로 이 세상 그 누구도 단 한 번도 본 적이 없는 이 지구가 생긴 이래 처음으로 행해지는 고귀한 의식이다.

조상님을 한 번에 구원하는 의식의 종류이다.

일반 입천제, 하단 입천제, 중단 입천제, 상단 입천제, 벼슬 입천제가 있다.

인간세계에도 둘만 있어도 위아래가 있다.

공무원도 다 똑같은 공무원이 아니고 계급이 존재하고 있듯이 천상세계도 인간세계와 같이 계급이 존재하고 있다.

천상세계는 인간세계보다 더 엄격한 계급과 계율이 있다.

하늘과 땅, 각자의 돌아가신 조상님, 우리 살아 있는 사람들 모두는 어느 누구도 종교가 아니다.

하늘은 하늘 자체이고, 땅은 땅 자체이고, 돌아가신 조상님은 조상님 자체이고, 살아 있는 사람들은 사람들 자체이지 어느 누구도 종교가 아니고, 어느 누구도 종교가 될 수 없다.

많은 사람들로부터 상담신청 전화를 받는다.

인생의 문제점과 추구하는 목표가 다르다 보니 궁금 사항도 모두 다르다. 많은 사람들에게 각기 다른 질문들을 받지만 가장 대답하기 힘든 질문은 다름 아닌,

"거기는 종교가 뭐예요?"와 "입천제 비용 얼마예요?"라는 질문이다.

종교가 뭐냐는 질문에 종교가 아니라고 대답하면, 손님의 대답은 "그럼 사이비예요?"라고 묻는다.

참으로 답답한 질문이고 답답한 대답이다.

하늘, 땅, 조상님, 인간이 어찌 종교인지 반대로 그들에게 묻고 싶다. 손님의 말을 들으시는 하늘 천상도감님은 그런 인간의 생각을 참으로 한심하게 생각하신다.

또 "입천제 비용 얼마예요?"라는 질문!

참으로 생각 없는 질문이다.

입천제란!

각자의 조상님을 구원하는 의식이다.

"입천제 얼마예요?"라는 질문은,

"내 조상님 얼마예요?"라는 질문과 같은 말이다.

각자의 조상님은 물건이 아니다.

산 자손들의 이 말을 듣는 각자의 조상님들은 자손들의 이 말에 얼마나 기가 막힐까?

책을 본 독자들은 이런 실수 하지 말고, 책 내용에 공감한 독자들은 자미국에 정중히 전화상담 신청을 한 후, 상담을 통하여 알아야 함이 하늘과 조상님들에 대한 예의이자 도리이다.

대단한 자미국 개국의 의미

　기존의 어떠한 종교에서 이미 행했던 의식을 행하는 것이 아닌, 이 세상 어디에서도 알려지지 않은 의식을 행하는 곳이다.
　기존의 불교법도 아닌, 기독교법도 아닌, 도교법도 아닌, 무속법도 아닌, 말 그대로 자미국의 모든 의식은 제2의 천지창조의 근원이라 할 수 있다.
　우리 인류 모두는 저마다 다르게 천상세계를 유토피아 세계, 이상향의 세계, 지상천국, 지상낙원, 용화세계, 무릉도원 등등의 말들로 천상세계를 표현하고 있다. 인류의 오랜 소원을 현실로 실현하고자 자미국을 개국하였다.
　인간의 삶을 사는 동안 인간이기에 겪을 수밖에 없는 질병, 금전고통, 우환, 불행에서 벗어나 근심 걱정 없는 무릉도원의 세상을 인간세상에 펼치고자 저자가 인류를 대표하여 그 뜻을 현실로 실현하고자 책을 집필하여 세상에 전하고 있다.
　불가능의 세계, 가상의 세계, 공상세계는 시간이 얼마나 걸려 현실로 나타나는지 그것이 문제일 뿐 모두 현실로 이루어지고 있음을 독자 여러분은 잘 알고 있을 것이다.
　이런 꿈같은 세계를 현실화시키는 데 있어 그동안 왜 불가능했는지에 대한 문제점들을 하나하나 찾게 되었다.
　인간이 원하고 바랐던 이상향의 실현은 인간의 힘만으로는 실현

될 수 없는 세계였다.

하늘에 천상도감님, 천상천감님, 천상선감님께서 해주실 때 가능한 세계였다.

그런데 이 세 분께서 이루어주지 않으셨다면,

독자 여러분은 그 이유가 무엇이라 생각하는가.

그 정답은 인간들이 이 세 분의 뜻은 무시한 채 각자의 생각대로, 각자의 뜻대로 행하며 세상을 어지럽히고 있기 때문이라 하신다. 천상에서 지상의 인간으로 내려오기 전에 이분들 앞에서 우리가 했던 약속들!

이분들의 가르침을 모두 뒤로한 채 각자의 판단대로 행하고 있기에 하늘에 계신 분들께서도 약속 위반자인 우리 인간들에게 용화세상, 무릉도원의 세상, 신선의 세상을 열어주시지 않고 있다 하시면서 인간이 전생에 하늘께 했던 약속들을 현실로 이행할 때 하늘에 계신 분들께서도 인간이 원하는 세상을 현실로 이루어준다 하신다.

우리 각자는 모두가 제 나름대로 약속도 잘 지키고 열심히 살며 착하게 살고 있다고 생각하고 있다.

그러면서 자신 인생의 고통과 사기 배신의 현실에 "나는 착하게, 열심히 살았는데, 왜 나의 인생에 이런 고통이" 하면서 때로는 조상님을 원망하고, 때로는 하늘을 원망하며 살아가고 있다.

그러나 어쩌랴!

천상도감님께서는 불교인과 도교인들에게 말씀하신다.

서로 착하다 하지 말고 천상에서 내 앞에 했던 약속들을 하루 빨리 현실로 이행하고, 인간으로 온 사명 완수를 하루속히 이행하라고 말씀하신다.

행복 프로젝트

인간세계의 사기 배신은 우연의 일이 아닌, 그렇다고 재수가 없고 운이 나빠서도 아닌, 삼재 때문도 아닌, 천상에서 한 약속들을 배신한 결과일 뿐이라고 힘주어 말씀하신다.

사기 배신뿐만이 아니라 각자의 인생에 크고 작은 우환들은 우연의 일이 아닌, 재수가 없어서도 아닌, 각자가 행한 그대로 상대를 통해서 받고 있었을 뿐이라고 힘주어 말씀하신다.

입천제와 천인합체의식 때는 천상도감님께서 함께해 주시면서 자신들이 인간으로 온 사명 완수를 다시 찾아주시고, 전생에 본인들이 천상세계에서 행했던 일들을 자세히 가르쳐주고 자신들의 죄가 무엇인지도 정확히 밝혀주신다.

근심 걱정, 사기 배신, 질병 없는 용화세상, 무릉도원 세상, 신선 세상의 실현은!

종교 열심히 다니고 석가부처님, 예수님, 상제님 열심히 믿는다고 이루어지는 것이 아니라 인간으로 온 사명 완수를 하루속히 이행하고 하늘께 한 약속을 현실로 이행했을 때 이룰 수 있음의 진실을 인류 최초로 전하는 곳이 자미국이다.

인생의 실패와 사기 배신의 이유를 밝혀주고 인생의 진정한 행복의 의미를 알게 해주고, 행복을 지킬 줄 알게 해주며 인간의 도를 알게 해주는 것이 자미국의 이념이자 목표이고, 이상이며 천상도감님의 목표이자 이념이다.

자미국과 천상도감님은 신흥종교의 출현이 아닌 기존에 잘못 알려진 종교세상, 영의 세상, 하늘세상, 극락세상, 지옥세상, 인간세상의 모두를 바로잡음이 천상도감님 하생의 의미이고 자미국 개국의 의미이다.

그렇기에 천상도감님께서는 이미 잘못된 불교, 도교, 무속, 마음수련원을 통해서는 절대로 하생하시지 않는다.

　진정으로 진실을 원하고 바란 자.

　오랜 세월 천상도감(미륵존불)님을 기다렸던 자.

　오랜 세월 천상천감(하나)님을 기다렸던 자.

　오랜 세월 천상선감(신명)님을 기다렸던 자.

　하늘과 땅, 사후세계, 영의 세계, 조상님 세계, 인간세계의 진실에 대하여 알고 싶은 자.

　굿과 천도재, 기도정진, 그동안의 종교의식에 회의를 느끼며 종교행위에 싫증을 느끼며 새로운 그 무엇인가를 간절히 원하고 바랐던 자, 자신 마음 안에 어떠한 의문들을 알고자 종교를 방황했던 자 등등.

　수많은 사연과 의문점들을 해결해 주고자 자미국의 두 저자는 여러분을 위하여 상담신청 예약을 받고 있으니 그동안 가슴속 답답했던 의문점들에 대해 상담하고 의식을 행하여 모두 해결한 후 새털처럼 몸도 마음도 가볍게 인생을 살아감이 진정한 용화세상, 무릉도원세상, 신선세상의 삶이다.

인류의 하늘님

　예수님, 부처님, 상제님, 성모 마리아님이 인류의 추앙과 찬양을 받으며 인간세상을 지배했던 세상이 선천의 세상이었다면, 자미국의 출범과 함께 진정한 하늘 천상도감님, 천상천감님, 천상선감님의 존재와 존함이 밝혀지면서 종교세상을 초월한 진정한 하늘의 세상을 여는 후천세상이 시작되었다.
　진정한 하늘께서 잘못된 인류를 제도하고 교화하심으로써 인류는 하늘의 진실과 사랑, 용서에 환희를 하며 감동의 눈물을 흘리게 될 것이다.
　종교생활을 많이 한 사람일수록 인생과 가정이 더 힘들어지고 인생의 고통이 끊이지 않는 것이 현실이다. 유명 연예인과 유명 인사들의 잇따른 자살과 사업 실패, 고소고발 등등.
　분명 그들에게는 종교가 있다.
　그들의 아픔과 고통 앞에 종교의 허점을 우리 모두는 보았고 인간의 아픔과 고통 앞에 종교는 더 이상 아무런 도움도 되지 않음을 우리 모두는 보았다.
　진정한 하늘은 인류를 제도하시고 교화하시고 자살, 질병, 인간사의 크고 작은 우환들을 해결해 주실 수 있는 우리 모두의 진정한 부처(천상도감)님이자, 구세주(천상천감)님이자, 신명(천상선감)님이시다.
　만 인류가 오랜 세월 그토록 오매불망하던 진정한 분들께서 존재를 밝혀주심에 우리는 너무도 행복한 일이다.

　진정한 분들을 만나고자 산속에서, 또 때로는 종교에서, 또 때로는 도의 세상에서 눈물을 흘리며 그 얼마나 간절히 그 누군가를 기다렸던가?

　그동안 만 인류는 진정한 분들의 존함조차도 모른 채, 세상에 이미 알려진 석가부처님, 예수님, 상제님, 성모 마리아님이 전부인지 알고 그분들을 부르며 새로운 그 누군가를 그 얼마나 그리워하며 답답해했던가?

　인류가 그리워했던 분들의 존함과 존재가 드디어 밝혀지고 있으니 우리 인류는 환희와 환호로 이분들을 맞이해야 할 것이다.

　현 세상을 살고 있는 우리 인류만이 아니라 이미 이 세상을 다녀간 석가부처님, 예수님, 상제님, 성모 마리아님 모두에게도 감동의 일이다.

　이분들도 살아생전에 현 세상의 우리들과 똑같이 그 누군가를 간절히 기다리며 지극정성으로 기도를 올리며 살다 그 누군가를 기다리다 이 세상을 떠나갔다.

　천상도감님, 천상천감님, 천상선감님은 우리 인간세상에 대단하다고 알려진 석가부처님, 예수님, 상제님, 성모 마리아님보다 더 높고 더 지고지존하신 엄청난 분들이시다.

　석가부처님도 예수님도 상제님도 살아생전에 이분들의 존재를 정확히는 알지 못했지만 자신들보다 더 지고지존하신 분들이 계심을 알고 있었기에 살아생전 하늘에 기도를 올리고 찬양하고 천도재를 올렸던 것이다.

　석가부처님 자신이 최고이고, 예수님 자신이 최고이고, 상제님 자신이 최고였다면 왜 살아생전에 하늘 찬양하며 기도하고 천도

행복 프로젝트　221

재를 올리다 이 세상을 떠났겠는가?

그러나 세상 사람들은 이 진실을 모른 채 석가부처님, 예수님, 상제님이 최고인 줄 알고 그 앞에 줄을 서서 자신의 인생을 의탁하며 힘든 인생을 살아가고 있다.

인생이 힘들고 아프다는 것은 무엇인가 잘못되었다는 뜻이다.

이제 우리 인류 모두는 석가부처님, 예수님, 상제님, 성모 마리아님들도 인정한 천상도감님, 천상천감님, 천상선감님을 인류의 하늘님으로 인정하고 이분들의 뜻에 따를 때, 우리네의 아픈 인생도 건강해진다.

천지만생만물 모두도, 또한 석가부처님도, 예수님도, 상제님도 인정한 천상도감님, 천상천감님, 천상선감님을 우리 작은 인간이 부정해 봐야 우리 작은 인간만 손해다.

이 얼마나 대단한 진실인가?

인류 모두는 각자 나름대로 석가부처님, 예수님, 상제님이 최고인 줄 알고 그분들을 믿고 따랐는데 이 대단한 분들보다 더 대단한 분들이 있다 하니 정말로 대단한 진실 아니던가?

석가부처님은 미륵부처(천상도감)님의 말씀대로 행해야 하고, 예수님은 하나(천상천감)님의 말씀대로 행해야 하고, 상제님은 신명(천상선감)님의 말씀대로 행해야 한다.

또한 천상세계, 영의 세계, 신의 세계에서는 그대로 이미 행해져서 이루어지고 있다. 그렇기에 석가부처님, 예수님, 상제님, 성모 마리아님 앞에서 기도해 봐야 어떠한 효과도 어떠한 반응도 없을 것이다.

아니 효과가 없는 것이 아니라 오히려 인생과 가정에 인간이 감당하기 힘든 일들만 더 생기게 될 것이다.

인류 모두가 궁금히 여겼던 인간의 삶이 갈수록 더 힘들어지는 이유와 인간이 추악한 모습으로 변해 가는 이유, 세계의 이상기후와 세계 이곳저곳에서 일어나는 천재지변들의 이유는 우리 인류가 무엇인가를 분명 잘못 행하고 있기 때문이다.

석가부처님도 지장보살님도 예수님도 상제님도 성모 마리아님도, 그 밖의 많은 분들 모두는 인간이 행하는 수많은 종교의식과 기도, 도통, 주문, 각종 행사에 참석하지 않으신다고 선포하신 지 오래전이다.

그래서 도교에서는 도통이 이루어지지 않는 것이다.

석가부처님, 예수님, 상제님, 기타 모든 분들은 자신들보다 더 높고 더 지고지존하신 천상도감님, 천상천감님, 천상선감님께 모두를 맡기신 채 자신들보다 더 높으신 분들의 말씀을 듣고 말씀대로 행하며 천상도감님, 천상천감님, 천상선감님 찬양하며 지내고 계시는 중이다.

인간의 구원과 도통 이 모두는 이제부터 천상도감님, 천상천감님, 천상선감님의 권한으로 이 땅에서 이루어지게 된다.

또한 천상도감님, 천상천감님, 천상선감님께서는 이 뜻을 이루심에 기존의 불교, 기독교, 도교를 통해서 하시는 것이 아니라 종교세상이 아닌 자미국을 통해서 하신다.

세상에 이미 이름과 명성을 알린 종교교주의 육신이 아닌 자미국의 인황(남자 저자)님과 사감(여자 저자)님 육신을 통하여 이루신다고 하신다.

자미국은 기존의 불교나 기독교, 도교처럼 화려하지도 않고 크지도 않다. 외형상으로 표현하자면 불교, 기독교, 도교에 비해서는 크지도 않고 화려하지도 않은 작고 초라한 상태다.

그러나 천상도감님, 천상천감님, 천상선감님께서는 역사와 전통을 지니고 있는 화려한 종교를 버리시고 초라한 자미국을 선택해 주셨다. 또한 이 저자는 스님처럼 목사님처럼, 불경공부 성경공부를 한 적도 없다.

나도 하늘의 진실을 알기 전에는 미륵님은 불교를 통해서 이름난 스님을 통해서 하생하시고, 기독교에서 말하는 하나님은 기독교를 통해서 성경공부 많이 한 신부님이나 목사님을 선택하시어 하늘의 역사를 전하시고, 신명님께서는 신의 공부 많이 하고 점괘 영검하게 잘 뽑아내는 잘난 신의 제자를 통해서 신의 세계를 전하시는 줄 알고 있었다.

자미국을 통해서 이 두 저자를 통해서 하늘과 땅의 이 엄청난 일을 하실 줄은 꿈에도 몰랐다.

이 두 저자가 자미국을 개국할 때, 이 엄청난 일을 하고자 자미국을 처음에 개국한 것은 아니었다. 인간의 삶에 아무런 도움도 되지 않는 종교와 다른 그 어떤 일을 하고 싶은 마음으로 개국한 것이었다.

그런데 뜻하지도 않은 천상에 천상도감님, 천상천감님, 천상선감님께서 차례대로 순서대로 응감해 주시며 존재를 밝히시고 음성을 들려주시고 하늘과 땅, 인간, 사후세상, 종교세상 모두에 대하여 차례대로 진실을 전하여 주시는 것이었다.

이 책을 보는 독자 여러분도 새로운 사실들에 기쁨과 환희보다는 이것이 진짜인가? 거짓인가? 의아한 마음이 먼저 들고 너무도 새로운 사실에 어안이 벙벙하듯이 두 저자도 마찬가지였다. 독자 여러분만 처음 듣는 진실이 아니라 저자 역시 어디에서도 들어본 적이 없는 진실의 말씀에 정말 정신이 하나도 없었다.

괜히 종교 잘못되었다고 잘못 말했다가 천벌 받아 죽는 것은 아닌지, 석가부처님, 예수님, 상제님이 최고가 아니라고 잘못 말했다가 불구자가 되거나 급살당하거나 심장마비로 죽는 것은 아닌지, 처음에는 기쁨보다 엄청난 진실 앞에 두려움이 더 컸다.

인생을 살면서 함부로 누구를 욕하거나 흉을 본 적도 없는 나에게는 이 모든 것들이 너무 부담이 됐고 난처했다.

고민과 걱정에 잠겨 있는 나에게 천상도감님께서는 말씀하셨다. 종교 흉보는 게 아니고, 석가 욕하는 게 아니고 진실을 말할 뿐이라고 하셨다.

진실을 진실대로 말하는데 왜 그것이 죄가 되어 네가 벌을 받고 힘들어지겠느냐고 하시면서 진실을 말하는 너는 세상 그 누구보다 행복해질 권리가 있다고 하시었다.

세상에 수많은 사람들이 진실을 모른다면 누군가는 인류에게 진실을 전달해 인류가 알 수 있도록 해서 인류를 구원해야지 모두가 뒷짐 지고 바라만 보고 있다면 세상은 지금보다 더 아수라장이 될 것이다.

그리고 인간의 삶과 인간의 병마는 더 심각해질 것이라고 하시면서 이 어마어마한 일을 해냄이 자미국의 존재 이유이고, 네가 이 땅에 탄생한 의미이니 천상도감이 전하여 주는 진실을 겁먹지 말고 세상에 자랑스럽게 전하라 하시어 이 위대한 진실을 전하는 일을 하고 있는 것이다.

천도재 절대로 지내지 말라고 당부

국회의원이 조상님 벼슬입천제의식을 올렸다.

증조할아버지께서 벼슬입천제의식에 응감하시어 말씀하셨다.

"내가 너(국회의원)에게는 조상이기도 하지만 내가 너보다 먼저 이 세상에 인간으로 왔다 너보다 먼저 사후세상으로 왔으니 네 인생 전반의 선배이기도 하네!" 하시면서 증조할아버지께서도 살아생전에는 죽으면 모든 것이 끝인 줄 알고 살았었는데, 죽어 사후세상에 와 보니 끝이 아니라 사후세상은 인생사보다 더 힘들다고 하시었다.

살아서는 잘 살든 못 살든, 잘났든 못났든 내 마음대로 행하며 살 수 있었는데, 사후세상은 내 마음대로 행할 수 있는 부분이 하나도 없다고 하시면서 그동안 사후세상에서의 힘들었던 생활을 털어놓았다. 또한 살아생전에는 기독교 다니고 천도재 올리면 천상세계로 가는 줄 알았는데 그것이 아님을 죽어서 모두 알게 되었다고 전하셨다.

인간들이 알고 있듯이 하늘은 하나가 아니라고 하면서 인간세상에 수많은 집들이 있듯이 하늘에도 수많은 하늘의 집이 있는데 그 수많은 하늘의 집들 중에 도대체 어디가 진짜 좋은 하늘집인지 어디가 지옥세계인 하늘집인지 알 수가 없다고 하면서 수많은 하늘집 중 어느 집에 진짜 미륵님이 계시는지 도통 알 수가 없다고 하시었다.

　인간세계도 수많은 종교교주들이 "자신이 진정한 하늘이다, 자신이 진정한 미륵이다"라고 외치듯이 사후세상에서도 수많은 자들이 "내가 진정한 하늘이다, 내가 진정한 미륵이다" 하면서 자기들을 따라오라고 서로 손짓을 하니 그 많은 자들 중에 누가 진짜 하늘이고, 누가 진짜 미륵님인지 도통 분간할 수 없어 답답할 뿐이라고 하시었다.

　살아생전에는 하늘! 하면 하나인 줄 알았지, 이렇게 많은 자들이 하늘이라고 하고 있을 줄은 꿈에도 몰랐다고 하시면서 수많은 조상영가들은 인간세상에서 절의 스님이나 종교교주들이 해준 천도재로 극락세계 왕생해서 편히 지내고 있는 것이 아니라 구천을 헤매는 조상영가도 있고, 하늘을 방황하며 수많은 가짜 속에서 진짜 하늘을 찾느라 정신이 하나도 없는 상태가 조상영가의 실상이라고 자세히 가르쳐주시었다.

　자손은 증조할아버지의 말씀에 많이 놀라워했다.

　살아생전에 기독교 예수님 열심히 믿고, 절에 열심히 다니면서 부처님 말씀 잘 따르고, 천도재 많이 하다 죽으면 기독교인들의 말대로 예수님이 데리러 오든, 부처님이 데리러 와서 구원받아 천당이나 극락으로 가는 줄 알고 있었는데, 증조할아버지를 통해 들은 사후세상의 진실은 종교세상의 이론과 너무도 달라 자손은 화들짝 놀랬다.

　증조할아버지께서는 다음 얘기를 해주셨다.

　"하루는 구천세상에서 힘들게 방황을 하고 있는데, 지상에 있는 네가 나를 극락세계로 보내준다고 천도재를 하기에 '드디어 이제 힘든 구천세계를 떠나 극락세계로 가서 편히 쉬겠구나!' 하고 잔뜩 기대를 했지.

　절의 천도재에 참석하여 스님의 경문을 잘 들으며 기다리고 있자니 스님의 경문이 시작된 지 얼마의 시간이 흘렀을까? 누군가가 나를 데리러 나의 곁으로 오는 거야.

　난 스님의 경문 소리를 믿고, 또 극락왕생시켜 준다는 스님의 말을 믿고 나를 데리러 온 자를 따라갔지. 그런데 따라가 보니 그곳은 극락세계가 아니라 지옥세계보다 더 처참한 너무나 무서운 세계였어.

　그런데 지상에 있는 스님은 너에게 우리 조상들이 좋은 세상으로 극락왕생했다 하면서 천도재를 마치는 거야.

　극락왕생한 것이 아니라 스님이 염불하면서 불러들인 자!

　나를 극락세계로 데리고 갈, 진짜인 줄 알고 나는 따라갔는데 구천세계보다 더 힘든 못된 세계였어!

　참으로 기가 막혀~"

　거기에 따라가서 편하기는커녕 있는 고생, 없는 고생 다하면서 힘든 나날을 보냈다고 하면서 그동안의 서러움에 통곡의 눈물을 쏟으셨다.

　그러면서 다시는 산 자손도 힘들어지고 죽은 조상들도 더 힘들어지는 천도재 절대로 지내지 말고 기독교나 도교에도 나가지 말고 쳐다보지도 말라고 신신당부의 말씀을 하시었다.

　천도재 잘못 지내고, 기독교, 도교 잘못 나가서 종교교주들이 안내해 주는 대로 잘못 따라하다 보면 그것은 죽음과도 같은 무서운 일이라고 하시었다.

　조상들이 진짜 하늘 못 찾아 못된 귀신들이 사는 곳에 잡혀 들어가 그곳에서 고생을 하면 지상에 있는 산 자손들도 조상님들과 똑같이 힘들고 처참한 인생을 살게 된다고 가르쳐주시었다.

"못된 귀신들에게 잡혀 들어가 나오지도 못하고 있는데, 오늘 네가 이 대단한 자미국에서 천상도감님과 함께하는 입천제를 행한다 하니 그 오랜 세월 나를 자신의 세계로 끌고 들어가 놓아주지도 않던 못된 귀신들이 입천제의식을 통하여 천상도감님이 오신다 하니 겁먹고 나를 풀어주더구나!

그래서 오늘 이렇게 그 못된 세계에서 벗어나 지상에 자미국으로 올 수 있었다. 자미국이 아니고 천상도감님이 아니셨다면 나의 사후세상은 어찌 될지 또한 산 너희들의 인생도 어찌 됐을지 정말 생각만 해도 끔찍하구나.

천도재를 올린 후 산 사람들의 인생이 더 힘들어지는 이유는 각자의 조상님들이 천도재가 끝난 후 극락세계로 가는 것이 아니라 못된 귀신들에게 잡혀가 이루 말할 수 없는 고생들을 당하고 있으니 산 자손들의 인생은 오죽하랴?

스님들은 이 사실도 모른 채 좋은 곳으로 갔다 하니 죽은 조상들은 이 기가 막힌 현실 앞에 목 놓아 살려달라고 울부짖지만 스님들의 귀와 종교교주들의 귀에는 우리들의 울음소리가 들리지 않으니 원통하고 절통하구나.

그러면서 무슨 천도를 한다고? 조상영가들과 산 자손들을 더 힘들게 하는 천도재고 뭐고 종교의식 다 때려치우라고 해라" 하면서 계속 울분을 토해 내셨다.

"그래도 자미국과 천상도감님이 대단하긴 대단한가 봐.

세상 무엇도 두려워하지 않는 못된 귀신들이 자미국과 천상도감님, 인황님, 사감님이라는 말에 우리를 순순히 풀어주는 것 보면 대단하긴 대단한가 봐.

거기서 빠져나오려고 별 방법을 다 써도 밤낮으로 우리를 감시하고 있어서 나오지를 못했는데…

오늘 대단한 자미국, 천상도감님, 인황님, 사감님 만나서 진정으로 천상세계로 간다 하니 이렇게 기분이 좋을 수가!

그러니 너도 나 같은 고생 사후세상에서 하면 안 되니깐 자미국에 인황님, 사감님 가르침 잘 따르고 천상도감님 인도받는 천인합체의식을 행한 후에 죽어야 돼! 그래야 사후세상에서 못된 귀신들이 너를 건드리지 못하니까.

천인합체 안 하고 귀신으로 죽으면 너도 나처럼 피눈물 나는 사후세상의 삶을 살게 되니까 너에게 할아버지이자 네 인생의 선배가 해준 말 잘 듣고 꼭 실천하고 죽어!" 하면서 간곡히, 간곡히 천인합체하고 죽어야 한다고 신신당부하셨다.

또한 할아버지는 천도재와 굿을 함부로 행해서는 안 된다고 하시면서 기도 역시 함부로 해서는 안 된다고 하셨다.

왜 기도하면 안 되느냐고 여쭈었다.

그랬더니 천도재를 지낼 때 못된 귀신이 오듯이 기도를 해도 못된 귀신이 오는데 종교교주들과 종교인들의 눈에는 못된 귀신이 보이지도 들리지도 않는다.

그러기에 기도 잘못 하다가 기도한 인간의 몸으로 귀신이 들어오면 그 귀신의 인생을 살게 되기에 그때부터 인생의 고통과 가족의 고통은 이루 말할 수 없을 정도라고 하시면서 잘 살다가 하루아침에 재산이 풍비박산 나고 몸이 아프고, 갑자기 급살을 당하게 되는 이유가 천도재와 기도하면서 잘못 불러들인 귀신들 때문이라고 하시었다.

그러시면서 기도를 하든, 천도재를 하든 모든 귀신을 몰아내는 능력이 있으신 진정한 하늘 천상도감님이 계신 자미국에 와서 해야지 잘못된 곳에서 천도재와 기도를 하다 보면 큰일 난다고 가르쳐주셨다.

내가 잡혀가 있던 못된 귀신들이 사는 곳에 수많은 조상영가들이 나처럼 잡혀 들어와 갖은 고생을 하고 있다 하면서, 나는 오늘 자미국을 통하여 구원받아 천상도감님 인도받아 천상도감님이 계신 극락세계, 천상세계에 입천되어 편하게 지내겠지만 내가 있었던 곳에 나와 함께 있던 수많은 조상영가들은 불쌍해서 어떻게 하느냐고 걱정하셨다.

하루빨리 이 땅에 산 사람들이 종교의식이 그 얼마나 무서운 것인지 깨닫고 자미국으로 찾아와 천상도감님 인도받아 진정한 천상세계로 입천하는 입천제를 통하여 귀신세계에서 벗어나야 된다고 하셨다.

인간세계에서 부부 갈등, 자손과의 갈등, 정신 이상, 납치, 살인, 이름 모를 병마 등등의 우환이 생기는 이유는 그만큼 조상영가들이 귀신세상에서 힘들게 살고 있다는 뜻이고 귀신에게 괴롭힘을 당하고 있다는 뜻이라고 하셨다.

각자의 조상님들이 귀신에게 잡혀가 힘들게 있으면 지상에 있는 자손들도 각자의 조상님과 똑같은 삶이 된다고 가르쳐주셨다.

그러면서 할아버지는 자신이 오늘 드디어 진정한 하늘께 구원받아 편안하기에 지상에 너와 너의 가족들도 나처럼 속박의 굴레에서 벗어나 편안해질 것이라고 하시면서 오늘 이 대단한 입천제의 식 참으로 고맙다고 하시었다.

다른 종교에서는 천도재를 해슬 때, 우리가 말할 수 있는 시간을 주지 않고 염불만 하고 끝난 후에, 좋은 곳으로 가지도 못한 우리 조상영가들 좋은 곳으로 갔다고 쓸데없는 소리를 하고 끝나는데, 자미국에서는 조상영가에게 이렇게 말할 수 있는 기회까지 주시니 이토록 후련하고 이토록 행복할 수가 없구나.

조상영가에게 말할 기회를 준다는 것은 그만큼 능력이 대단하고 자신 있다는 뜻 아니겠냐고 하시었다.

조상영가인 내가 자미국 가짜라고 할 수도 있고 천상도감님과 인황님, 사감님이 가짜라고 할 수도 있는데, 나에게 말할 기회를 준다는 것은 그만큼 자신이 있고 자미국이 진짜이니까 가능한 일 아니냐고 하시었다.

아마 절이나 종교에서도 천도재나 굿을 할 때, 조상영가들에게 직접 말할 기회를 준다면 대부분의 조상영가들은 가짜니까 다 때려치우고 쓸데없는 짓 하지 말고 빨리 집으로 가자고 할 것이라고 하셨다.

자미국이라는 곳과 인황님, 사감님을 살아서 본 적은 없지만 오늘 이렇게 만나고 보니 정말 훌륭하시고 대단하신 분들이라고 하셨다. 그러면서 이 대단한 진실을 어찌 알았지? 어찌 알았지? 하면서 신기해하셨다.

하늘과 땅, 사후세상의 진실은 죽어서 많은 세월 이 고생 저 고생 다 해봐야 알게 되는 것인데, 죽어보지도 않고, 보이지도 않고 들리지도 않는 이 위대한 진실을 어찌 알았을까? 하면서 대단하다는 말을 연신하셨다.

조상영가에게도 말할 수 있는 기회를 주는 자미국은 진짜 인류 모두가 찾던 용화세상이 분명하고, 석가부처, 예수, 상제, 기타 등등이 최고라고 인류는 알고 있는데 인류의 이론과 종교의 이론을 뛰어넘어 세상 어느 누구도 알지 못했던 하늘 중에 하늘이신 천상도감님과 태상천존 자미천황님, 하늘을 찾아낸 자미국은 인류 최고의 대단한 곳이라고 하시었다.

　이제는 그만 대화의 시간을 마치고 그동안 너무도 그리웠던 하늘님이신 천상도감님과 태상천존 자미천황님을 뵈러 가고 싶다고 하시면서 반드시 살아생전 천인합체의식을 행하고 죽어야 된다고 강조하시었다.

　그냥 인간으로 살다 죽으면 죽은 후에 구천세계 방황하는 불쌍한 귀신 신세 되니 귀신 신세에서 벗어나는 천인합체 꼭 행하여 육신이 죽은 후에 오늘 내가 올라가는 도솔천 하늘에서 꼭 다시 만나자고 하시었다.

　인생도 내가 너보다 먼저 왔다 갔으니 천상 도솔천 세계에도 내가 너보다 먼저 올라가 너를 기다리고 있겠노라고 하시면서, 오늘 자미국에서 이렇게 만났듯이 먼 훗날의 어느 날에는 천상 도솔천 세계에서 너와 내가 다시 만나기를 희망한다고 하면서 조상님 상봉 의식은 끝이 났다.

　조상님 상봉 의식이 끝난 후, 새롭게 알게 된 사후세상의 진실과 조상님세계, 종교세계의 엄청난 진실 앞에 의식을 행하러 온 주인공은 감사 또 감사하다고 하였다.

　그러면서 이 진실을 모르고 죽었으면 자신의 증조할아버지처럼 사후세상 가서 고생할 뻔했다고 하면서 조상님 영가도 구원해 주시고 자신의 사후세상에 대해서도 자세히 가르쳐주시어 감사하다는 말과 함께 기분이 너무 너무 좋다고 하였다.

　그동안 종교에 다녔던 자신이 왜 잘못되었는지 자세히 알게 되는 값진 기회가 됐다고 하면서 기쁨과 환희 속에 입천제의식은 끝이 났다.

고소 고발장이 날아오는 사연

감사죄의식이 있었습니다.

사감님을 통하여 말씀이 있으셨는데 주인공이나 동참한 천인들 모두는 하늘에 대해서 관심도 없다고 말씀하시면서 주인공에게 하늘에 관심 있는 척하지 말고 오늘 의식하고자 하는 속마음을 말하라고 하십니다.

주인공이 버린 조상님을 찾고 싶은데 어떻게 하면 찾을 수 있을까요?라고 여쭈었습니다.

경찰서에서 여러 개 고소 고발장이 날아오거나 아니면 속도위반, 신호위반 딱지들이 수십 개씩 날아와 현관에 껌 딱지같이 닥지닥지 붙어 있어서 떼기도 힘들며 왜 이런 일이 일어나는지 궁금하다고 사감님께 이실직고합니다.

주인공의 속마음을 다 아시고, 이렇게 마음에서 일어나는 사실을 이야기해야 잘못된 부분을 확실히 알게 해서 용서받을 기회를 주시는 것인데 모두 착한 척, 고상한 척, 하늘을 찾는 척하고 있다고 하십니다.

주인공이 자미국에 오기 전에 조상님들을 좋은 곳으로 보내드리고 잘되게 해준다는 무당에게 속아 수시로 5천만 원짜리 굿을 했는데 무당이 하는 말이 여기서 그 금액은 껌 값에 불과하다고 하면서 어느 회장은 10억 또 어느 회장은 몇 억씩 내고 굿을 한다고 하니 주인공이 오기가 나서 나도 언젠가는 그들보다 더 크게 할 것이라고 하면서 억짜리 굿을 6번 했고 이로 인하여 200평짜리 집을 날렸다 합니다.

그때 굿할 때 무당의 조상을 주인공의 가짜 조상으로 만들었다고 하시면서 가져다 바친 돈도 돈이지만 조상님을 바꾼 죄가 가장 큰 죄라고 하시면서 주인공에게 의식 때마다 항상 조상님께 용서 빌라고 하셨습니다.

그런데 오늘 조상님 감사죄를 통하여 왜 그런 말씀을 자주하셨는지를 확실히 밝혀주심에 너무나 놀랍고 이런 진실이 있는지를 인간이 어찌 알겠습니까? 대단하신 사감님께서 밝혀주시는 자미국 의식은 대단하고 감동과 감격이옵니다.

10년 전 무당집에서 굿할 때 동자가 주인공 몸에 들어왔고, 그로부터 주인공의 삶은 없어지고 동자의 삶을 살게 된 것이라고 하셨는데 주인공이 하는 말이 그 무당집에서는 동자 신을 모셨고 동자가 공수를 내려주었다고 합니다.

동자는 자기가 거처할 집이 무당집인데 주인공 몸에 와 있으니 죽을 맛이고, 동자가 자기 집이 아니니 주인공의 심장을 수시로 꼭 쥐어짜듯이 하여 숨이 터져 죽을 것만 같이 아팠으며 이때마다 맥이 뛰지 않았다고 합니다. 이런 상태가 지속되었으면 심장마비로 죽었을 겁니다.

여러 건의 고소 고발장과 수십 건의 교통위반 딱지가 날아오게 된 기막힌 사연을 말씀해 주십니다. 동자 신이 남의 집(주인공 몸)에 들어와 있기에 천상에서 동자 신을 무단침입 죄로 고소고발 하는 고소장과 위반 딱지였다고 합니다.

기막힌 일입니다.

세상 사람들은 전혀 상상도 못할 일인데, 굿이나 치성, 천도재 올리러 다닌 사람들이 헤아릴 수 없이 많을 겁니다. 이들 모두는 오늘의 주인공처럼 굿이나 치성, 천도재를 올리고 각자가 어떤 저급한 신이나 귀신들을 받았을 겁니다.

이때부터 본인이나 가족들의 몸이 아프거나 고소고발 당하는 사건사고들이 수없이 일어났을 것입니다. 매사 되는 일도 없고 우울증, 불면증, 사업실패, 금전사기, 가정불화, 이혼, 별거, 단명, 비명횡사가 일어납니다.

정말 무서운 일입니다.

수십 년 전에 굿이나 치성, 천도재를 올린 사람들과 현재 어떤 종교를 믿고 있거나 과거에 믿었던 사람들은 저급한 신이나 귀신들을 자기 몸과 가정에서 몰아내야 할 것입니다. 인간 눈에 보이지 않는 영의 세계 참으로 무섭습니다.

굿이나 치성, 천도재, 종교세계가 이처럼 무섭기에 다니지 말라고 말해 주는 것인데도 대다수 독자들은 심각하게 생각하지 않고 한 귀로 듣고 한 귀로 흘리나 봅니다.

대단한 자미국이 아닌 이상 각자의 몸에 들어와 있는 저급 신이나 귀신들은 기존의 종교세계 어느 누구를 통해서도 절대로 떼어낼 수 없고, 자미국의 인황님을 통해서만 가능하다는 위대한 진실을 오늘 알았습니다.

오늘 인황님께서는 주인공 몸에 10년 동안 들어와 함께 살고 있던 어린 동자 신을 야단치지 않고 잘 알아듣게 타이르고 달래서 원래 자기 집(무당)으로 가도록 교화하셨습니다. 동자 신이 교화 즉시 떠났는지 쥐어짜던 가슴이 편안해졌다고 주인공이 말합니다.

세상에 이런 상상을 초월하는 신비한 일이 일어나고 있음에 눈앞에서 보고 있어도 참으로 신기하고 놀랍기만 합니다. 세상에 이런 일도 있었습니다. 굿하고 10년 동안 아기 동자 인생을 살아온 기막힌 사연입니다. 신 내림 굿을 한 것도 아닌데 동자가 몸으로 따라 들어와 살았던 것입니다.

주인공이 무당에게 큰돈을 주었으니 그 대가로 무엇인가를 가져온 것인데 그것이 동자 신이었습니다. 그 무당 또한 자기가 모시던 동자 신을 돈과 바꾸었으니 동자 신도 피해자이고 무당집도 동자 신이 없는 껍데기뿐이라고 하십니다.

주인공은 자기가 좋아서 하는 일은 잠깐 정신이 들어서 하지만 일이 끝나면 하루 종일 잠만 자며 아기 동자의 삶을 살고 있었는데 오늘 그 위대한 진실을 밝혀주신 것입니다.

각자의 인생사에 일어나고 있는 이해되지 않는 모든 사건사고들은 우연히 일어나는 것이 아니라 여러분이 굿이나 치성, 천도재를 올리거나 종교세계에 다니면서 저급한 신이나 비명횡사 당해서 죽은 귀신들을 데리고 들어온 결과입니다.

재수 굿, 조상굿, 치성, 천도재 하러 갔다가 오히려 더 많은 저급한 신이나 귀신들을 자기 몸이나 가정으로 불러들이고 있다는 무서운 진실을 알아야 합니다.

청춘에 죽은 귀신들이 들어오면 젊은 나이에 원인도 모르게 급살 맞아 죽습니다. 사업하다 목매 죽은 귀신, 약 먹고 죽은 귀신이 들어오면 똑같이 그런 일이 일어납니다. 종교 안에 귀신들이 구원받으려고 가장 많이 우글거리기에 종교에 나가는 자체가 귀신 데리러 가는 것입니다.

영으로 보는 신점의 명인

자미국이 개국된 지 2014년 현재,
9년을 넘어서고 있다.
 9년이라는 시간 동안 세상 모두가 잘못 알고 있었던 하늘과 땅의 진실을 전하여 한없이 메마르고 삭막한 인간 마음을 채워주는 일에 전념하다 보니 자미국의 책을 보고 자미국에 호감을 가지고 오고 싶은 마음이 있으나 자미국의 진실이 너무 높아 오지 못하는 독자 여러분이 참으로 많았다.
 이제는 자미국에서 좀 더 많은 사람들에게 기회를 주고자 신점(神占) 보는 상담코너를 개설했다.
 세상에는 수많은 사람들이 있고 그 수많은 사람들!
 살아온 인생길이 모두 다르고 개성도 다르고 특기도 다르다.
 또한 이 세상에 온 사명도 다르고, 전생도 모두 다르다.
 그 수많은 사람들 속에는 불교를 좋아하는 사람도 있고, 기독교를 좋아하는 사람도 있고, 무당집을 좋아하는 사람도 있다.
 자미국 개국 후,
 천인, 백성으로 탄생한 사람들은 대체로 불교에, 도교에 몇십년씩 다니던 사람들이 가장 많았고, 불교와 도교에 일심으로 다니던 사람들의 사상은 불교와 도교에 너무 심하게 쩌들어 있어, 잘못된 종교사상을 지닌 채 살아온 그들에게 하늘의 진실을 전하는 데 무려 9년이라는 시간이 걸렸다.

　어찌 보면 긴 시간이 걸렸고, 어찌 보면 짧은 시간에 이뤘다고 할 수도 있는 시간이다.

　자미국 개국 9년째.

　9년이라는 시간 동안 자미국을 통하여 천인, 백성으로 탄생한 천인, 백성들이 자미국을 알기 전 종교 안에서, 세상 밖에서 잘못 배워 잘못된 천인, 백성들의 인생과 생각, 이 모든 것을 바로잡는 시간이 어느 정도 완성되었다.

　세상 밖에서 인생에 어떠한 문제가 있을 때, 또한 가족들의 인생에 대하여 궁금할 때, 기타 등등이 궁금할 때 점집을 찾는 사람들이 많이 있다. 이제는 그들에게도 자미국에서 신점 볼 기회를 주고자 한다.

　신점(神占)을 본다 하니 기존의 무당집을 상상하는 사람들도 있을 것이다. 그러나 아니다. 자미국에서 행하는 모든 것은 이미 세상에 알려지고 기존에 이미 행했던 것들과는 모든 것이 판이하게 다르다.

　세상에 이미 알려진, 또한 수많은 시간 동안 수많은 보살과 도사, 법사들이 하는 일과 똑같은 일을 할 거였다면 벌써 했을 것이고, 자미국은 어찌 보면 기존 종교의 모든 것을 부정하며 새롭게 창조하여 행하는 곳이다.

　'점!'이라는 부분은 인생의 어떠한 문제에 대하여 인간은 알 수가 없기에 자신의 인생에 대하여, 자신이 하고자 하는 일에 대하여 미리 결과를 예언하는 것이다.

　그러나 지금까지 점의 세상은 답답해서 찾아가는 사람들의 마음을 시원하게 해줄 정도의 영적인 능력을 가진 제자들이 없었기에 답답한 인생에 대하여 물어보고자 점집을 찾아가 점을 쳐보지만 예언하는 제자들의 능력이 특출하지 못하다 보니 점을 쳐도 답답하기는 마찬가지이다.

 광고에 서로 자신이 점의 명인이라고 하여 찾아가 봐도 광고와는 달리 그리 시원하지도 않고 특별한 방법도 없이 "굿해라, 기도 초 밝혀라, 자식 팔아줘라, 공 많이 들여라" 등등이 전부였다.

 그러나 자미국에서 행하는 신점은!

 하늘과 땅의 영험함으로 인간의 답답한 가슴을 속 시원히 해주고 해결방법 역시도 독자 여러분이 행하느냐, 안 행하느냐의 문제일 뿐 모든 것이 세상에 이미 알려진 점과는 판이하게 다른 신점 코너를 개설했다.

 자미국은 불교인, 도교인, 기독교인, 무속인, 무신론자 모두가 함께하는 유불선 종교통합 자미국이다.

 결혼을 앞두고 있는 사람들!

 사업을 시작하거나 정리하려는 사람들!

 직장 운! 출세 운! 사업 운!

 이사 운! 자손 운! 부부 인연!

 우울증! 자살충동! 의욕 상실! 매사 불성!

 기타 등등.

 인생을 살아가면서 새로운 그 무엇인가를 추진하고, 새로운 그 누군가를 만나고자 할 때, 자미국을 통하여 미리 알고 자신의 앞날을 대처한다면 큰 우환과 좌절, 실패를 피할 수 있다.

 현재 처한 자신의 근심과 걱정에 대하여 족집게처럼 밝혀내는 것도 신기하지만 방법 또한 다른 곳과 너무나 차이가 나기에 힘든 여러분의 삶에 도움이 될 것이다.

세상에는 수많은 사람들이 있고, 그 수많은 사람들은 모두가 다르다고 하였듯이, 자미국에 오는 절차도 모두 다르다.

자미국에서는 기존에 잘못된 종교의 허점은 보완하고 힘든 인생을 살아가는 우리 인간에게 좀 더 유익할 수 있도록 그 방법을 9년이라는 시간 동안 끝없이 하늘께 기도하고 또 기도해서 완성하여 자신 있게 독자 여러분에게 전달하는 것이다.

자미국에서 행하는 신점!

세상에 알려진 미천한 점이 아니기에 신중한 마음으로 방문을 해야 하고 '얼마나 영험한지 내 인생 맞혀봐라!'의 마음이 아닌 자신의 힘든 인생을 조언 받고자 하는 간절한 마음으로 방문할 때, 더 효험이 있음을 전한다.

각자의 인생!

장난이 아니듯, 하늘과 땅이 함께하는 자미국의 신점!

기존에 알려진 천박한 점이 아니라, 자신의 인생을 바꿀 수 있는 전환점이 될 수도 있다.

신점이 끝나고 나면 저자인 인황님과 사감님을 통해 해결책에 대하여 상담을 받게 된다. 자미국을 만나면 해마다 때마다 일이 있을 때마다, 점집을 찾아다니던 여러분의 인생에 종지부를 찍게 된다.

또한 해마다 때마다 굿을 했던 사람들은 자미국에서 입천제 한 번만 행하면 다시는 굿을 안 해도 된다. 자미국에서 행하는 입천제는 일생에 단 한 번만 행하면 되는 아주 귀한 의식이다.

굿처럼 해마다 때마다 행하지 않는다.

또한 신 기운 때문에 고생하는 사람들은 신을 받아 무속의 길을 가는 것이 아니라 천인합체의식을 행하여 천인으로 탄생하면 평범한 인간의 삶을 살게 된다. 또한 해마다 때마다 눌림굿을 하지 않아도 되는 신비의 의식이다.

자미국에서 행하는 입천제는 천도재, 굿, 기도, 모든 종교의식들보다 몇 차원 높은 의식이기에 입천제를 한 번 행하면 천도재, 굿, 기도, 제사, 차례, 성묘 행위, 산소와 납골 그 모든 것들을 안 해도 되는 고차원의 의식이다.

자미국은 모든 종교에서 행하지 못하는 부분을 행하기에 자미국을 알고 나면 자미국의 대단함에 놀라 본인들 스스로 다른 어느 곳도 가고 싶지 않게 되고, 자신들이 그동안 종교 안에서 행했던 일들이 그 얼마나 잘못되었는지를 알게 된다.

그와 더불어 자신들의 인생이 왜 힘들었는지도 알게 되고 어떻게 살아야 본인은 물론 가족들도 행복할 수 있는지의 진실도 알게 된다.

사주풀이를 겸한 인생풀이

　자미국에서 행하는 입천제는 기존의 천도재, 굿을 초월한 의식이고 점 역시도 세상에 알려진 해마다 때마다 일이 있을 때마다 반복해서 보는 점이 아니다.
　하늘과 땅이 함께하는 고차원의 점으로써 해결방법도 기존에 알려진 힘든 인간의 삶을 더 힘들게 하는 그런 방법이 아니듯이 사주풀이 역시도 마찬가지이다.
　30년의 세월을 일심으로 도(道)판에서 도 공부와 사주 공부를 하며 살았던 한 도인이 자미국을 알게 되어 자미국을 통하여 입천제와 천인합체의식을 행하여 탄생한 천인이 사주상담을 주관한다.
　30년이란 세월을 도판에서 도 닦고 사주풀이 하는 삶을 살아서 사주풀이에 능수능란하다.
　30대 초반쯤에 두 아이를 둔 여인의 남편은 일찍 저 세상으로 떠나갔다.
　두 아이를 데리고 약국을 운영하면서 살았던 여인은 경제적으로는 그다지 궁핍하지 않았지만, 일찍 저 세상으로 떠나간 남편의 팔자와 일찍 남편을 저 세상으로 보내고 두 아이와 살고 있는 자신의 삶, 흔히 말해 팔자와 사주가 궁금했던 여인은 그때부터 한 유명한 도의 세상을 접한 뒤 자미국을 알기 전 30년이란 세월을 도의 세계와 사주에 전념하며 인생을 살았다 한다.

어느 날 그 여인은 자신의 사주풀이를 해보았다 한다.

자신의 사주를 풀어보니 자신의 인생과 사주풀이가 어쩜 그리도 딱 맞는지, 자신의 인생과 딱 맞는 사주풀이의 신기함과 매력을 느낀 여인은 모든 것은 사주에서 나오는구나! 생각하며 30년 세월 동안 수많은 사람들의 사주풀이를 했다 한다.

모든 사람들이 그녀의 사주풀이에 자신의 인생과 똑같다 하면서 사주풀이를 하러 온 사람들도 자신의 사주풀이에 감탄을 금치 못했다 한다.

사주풀이에 과거, 현재, 미래의 인생관이 있으니 어찌 신기하지 않으랴? 여인은 한동안은 사주풀이에 푹 빠져 지냈다. 그러나 세월이 가면서 사주에 신기함과 매력을 느꼈던 그녀는 사주에 허점을 느끼기 시작하였다 한다.

사주!

신기할 정도로, 매력을 느낄 정도로 그 사람의 인생과 딱 맞긴 맞는데, 문제는 해결책이 없다는 것이다. 자신도 자신 나름대로 힘든 인생을 극복해 보고자 도 공부도 일심으로 하고 사주풀이 공부도 열심히 하여 모든 사람들에게 인정받는 정상의 자리에 오르긴 올랐다.

하지만 정작 자신의 인생에는 수십 년 동안 아무런 변화가 없고 오히려 더욱 힘들어지니 도가 무슨 소용이고, 딱 맞는 사주풀이가 무슨 소용이던가? 하면서 자신이 일심으로 한 30년의 세월만큼 회의 또한 컸다 한다.

남편을 일찍 저 세상으로 보내고 두 아이들 바라보며 긴 세월 동안 여행 한 번도 못 가보고 그 흔한 노래방 한 번도 못 가보고 그야말로 깨끗하고 정숙한 마음으로 반평생을 도의 세계와 사주풀이에만 전념했는데, 자신의 인생과 아이들의 삶은 갈수록 힘들어만 지고, 힘든 인간의 삶을 해결할 아무런 방법이 없으니 미치고 팔짝 뛸 일 아니던가?

모든 방법을 다 동원해 봐도 나쁜 사주를 바꿀 방법이 없었던 것이다. 자신뿐만 아니라 자신에게 상담을 의뢰해 온 사람들의 인생도 마찬가지이다. 딱 맞게, 신기하게 사주풀이를 해서 손님들이 다 놀라고 신기해하기는 하는데, 방법이 없음에 답답하기는 매한가지였다.

이름도 바꾸어 보고, 전화번호도 바꾸어 보고, 주민번호도 바꾸어 보고, 은행 계좌번호도 바꾸어 보고, 생일도 바꾸어 보고, 도장도 바꾸어 보고, 부적도 지녀 보고, 치성도 드려 보고, 기도도 올려 보았다.

흔한 말로 모든 방법을 다 해보아도 사주에 나와 있는 나쁜 운과 나쁜 사주를 바꿀 수 있는 방법은 이 세상에 하나도 없어 그저 자신의 사주대로 살다 저 세상으로 가는 방법밖에 없음을 알고 사주풀이에 매력이 아닌 회의가 들었다 한다.

그 방법을 찾아보고자 유명 종교서적도 사보고, 찾아도 가보고, 그들이 권하는 거 해보기도 하였지만 자신의 인생에 빛이 보이기는커녕, 두 아이들의 인생은 갈수록 진퇴양난에 빠지고, 자신은 의욕상실과 매사 불성에 죽고 싶은 마음이 항상 들고, 두 아이와는 그 흔한 의사소통도 안 되어 너는 너대로, 나는 나대로, 제각각인 힘든 인생을 살았다 한다.

자신뿐만이 아니라 자신에게 사주풀이를 의뢰한 사람들의 삶도 매한가지였다.

약국을 운영하면서 사주풀이를 하다 보니 경제적으로는 부족하지 않았지만 경제적인 부분이 아닌, 인간이 돈을 가지고 있어도 돈으로 안 되는 자신의 마음이라는 부분과 자식들과 소통이 안 되는, 말로 어찌 표현할 수 없는 부분의 고통 때문에 너무나 힘들었다.

하지만 자신에게 사주풀이를 의뢰한 그들도 마찬가지라고 했다. 그들도 겉으로는 출세하고 성공하여 남부러울 것이 없어 보이나 속은 그렇지가 않다고 했다. 그들의 사주에는 그들의 힘든 인생을 암시라도 하듯, 사주 속에 그 모든 것이 다 들어 있었다.

그러나 바꿀 방법이 없다.

한숨과 아픔, 고통 속에 자신의 아픈 인생과 자식들의 잘못된 인생을 해결할 방법이 없음에 의욕을 잃은 채 반 시체의 인생으로 살고 있을 때, 아는 지인의 소개로 자미국의 책을 구입해서 보게 되었다 한다.

책을 보자마자 그 여인은 자신이 그토록 원하고 바랐던 세상(자미국)이 서울 땅에 개국되었음에 환호하며 책을 다 보고 1분의 시간도 지체 없이 자미국에 전화하여 상담예약을 하였다.

그렇게 자미국과 그 여인은 인연이 되었다.

그 여인은 자미국을 통하여 천상도감님을 만나고 저자인 인황님과 사감님을 만나 사주와 도 공부로 이룰 수 없었던 인생 행복의 대역전을 이루었다. 그녀뿐만이 아니라 그녀의 두 아이들도 인생 성공의 대역전을 이루었다.

흔한 말로 자미국을 만나고 천상도감님을 만나고 자미국에 두 저자를 만나 그녀는 사주가 바뀌었다.

그녀의 원래 사주는!

남편은 있으나 있어도 있는 것이 아니고, 자식복 역시 자식은 있으나 있어도 있는 것이 아니고, 내 자식이 있어도 내 자식이 아니고, 돈이 있어도 있는 것이 아닌 사주라서, 일평생을 외롭고 쓸쓸하게 빈 가슴 쓸어내리며 살 사주이고, 돈은 들어오면 돈도 남편처럼 자식처럼 본인의 곁을 소리 소문 없이 떠나가 일평생을 외롭게 살 사주라고 했다.

그러나 자미국을 만난 그녀의 삶!

남편은 이미 저 세상으로 갔으니 남편과 화합할 수는 없지만, 소통도 안 되어 너는 너대로 나는 나대로 살았던 두 아이들과 너무도 다정한 사이가 되었고, 일평생 외롭고 쓸쓸했던 그녀의 마음은 그 무엇으로 가득 찬 것처럼 포근하고 넉넉하다 했다.

의욕 상실, 매사 불성이었던 삶도 의욕과 활기로 가득 넘치는 삶으로 바뀌었다 하면서 밝은 태양처럼 환하게 웃었다.

그녀는 말했다.

자신이 많은 시간 동안 도 공부도 하고 사주풀이도 하고 이름난 유명한 종교교주들도 만나보았지만, 흔한 말로 "천도재 잘한다, 굿 잘한다, 점 잘 본다, 사주 잘 본다, 기도발 쎄다" 등등의 종교교주 얘기는 많이 들어봤다.

하지만 "사주 바꿔준다"는 종교교주 얘기는 들어본 적이 없다 하면서 세상 어느 누구도 이루지 못한 인간의 사주를 바꾸어주는 자미국과 천상도감님, 그 일을 하시는 인황님과 사감님은 인류 역사상 처음이라 하면서 감탄을 하였다.

옛날부터 타고난 팔자와 사주는 못 바꾼다는 말이 있다.

맞는 말이다. 인간과 종교교주는 인간의 사주를 못 바꾼다.

그러나 진정한 하늘 천상도감님은 하실 수 있다.

천상도감님, 천상천감님, 천상선감님은 각자의 분야가 조금 다를 뿐 불가능이 없으신, 그야말로 전지전능하신 분들이시고 나약한 우리 인간에게는 절실히 필요한 분들이시다.

도의 세계, 사주풀이 공부를 30년 했던 한 여인이 자미국을 만나 천상도감님께 6년이라는 시간 동안 천상의 공부를 하여 도의 세계에서 이룰 수 없었던 부분, 사주풀이로 이룰 수 없었던 인생사의 해결책까지 겸하여 자미국에 사주풀이 상담코너를 처음으로 개설하였다.

기존의 사주풀이처럼 사주풀이를 한 후에, 기존에 알려진 철학관이나 작명소, 절에서처럼 작명, 부적, 기도발원, 끝도 없는 예방책이 아닌 다른 방법으로 행하기에 사주풀이에 관심이 있었던 독자 여러분은 천인과 사주상담을 한 후에 좀 더 구체적으로 자신의 나쁜 사주 바꾸는 법에 대하여 진정으로 궁금한 사람들은 저자인 인황님과 사감님을 통하여 2차로 상담하면 된다.

앞에서도 말했듯이,

사주를 안다고 해서 자신과 가족들의 인생과 행복을 지킬 수 없고, 사주를 안다고 해서 자신과 가족들의 불행과 액운, 액살을 막아낼 수 없다.

오로지 진정한 하늘 천상도감님께서만이 인간 삶의 전생, 현생, 다음 생까지 모두를 아시고 전생, 현생, 다음 생까지 책임져 줄 수 있다.

명쾌한 사주풀이와 인생 문제에 대한 명쾌한 해답!

답답한 사주를 타고나 답답한 사주로 인하여 일평생 답답하고 힘든 삶을 산 사람들에게는 희소식이다.

많은 사람들의 말대로 타고난 사주는 못 바꾼다.

또한 그 유명한 종교교주들도 인간의 나쁜 사주를 좋은 사주로 바꾸어주지 못한다.

그러나 천상도감님께서는 모든 이름난 종교교주들이 이루지 못했던 부분을 해내시는 엄청난 분이시다.

  천상도감님은 종교교주들 위에 계시는 분이시고, 천상에서는 태초의 하늘 태상천존 자미천황님 다음 서열에 계시면서 수많은 각 하늘의 천주들을 거느리고 계시는 엄청난 서열에 계시는 분이시다.

  인생을 살면서 작은 일들은 인간 각자의 판단과 생각대로 처리해야 되는 일도 있지만 정말 자신들의 일생일대에 있어 신중히 결정 내려야 하는 부분들!

  자미국을 통하여 조언을 얻으며 살고 천상도감님의 보호와 사랑받으며 자신의 인생 보호 받으며 산다면 우리 인간의 삶은 그다지 아프지도 슬프지도 좌절하지도 않는 삶이 될 것이다.

  또한 사주 속에 나오지 않는, 다시 말해 숨어 있는 사주도 알아야 하고, 인간으로 온 사명도 알아야 완성된 삶이 된다.

  철학관이나 작명소, 기타 종교 등등에서 행하지 못했던 부분들까지도 저자인 인황님과 사감님은 하고 있으니, 인생에 중차대한 일들을 계획하고 있는 독자 여러분은 행하기 이전에 자미국을 통하여 조언을 얻는다면 자미국과 함께 좀 더 행복하고 기쁜 용화세상의 삶이 각자의 삶으로 펼쳐지게 될 것이다.

상호, 개명, 아호, 신생아 이름 작명

상호, 개명, 아호, 신생아 이름을 지으려면 좋은 기운을 가진 명인에게 지어야 하는데 일반인들은 이런 진실을 모르기에 역술인에게 짓고 있다.

신께서 이름에 대한 진실을 필자에게 자세히 가르쳐주시었는데 무섭고도 놀라운 말씀이었다. 아무에게나 이름을 짓지 말라는 것이었다.

그 연유인즉 이름을 지어준 사람의 운명을 따라간다는 어마어마한 말씀이셨다. 상대방이 선천적이든 후천적이든 불구자라면 이름을 지어간 사람도 그의 기운을 받아서 똑같은 운명으로 흘러간다는 경천동지할 말씀이셨다.

상호, 개명, 아호, 신생아 이름을 지어주는 역술인이 경제 형편이 어려운 사람, 가정사가 복잡한 사람, 우환이 잦은 사람, 부부싸움을 자주하는 사람, 심성이 올바르지 못한 사람, 큰 질병을 앓고 있는 사람, 천벌을 받은 사람, 고소고발 당한 사람, 사건사고가 자주 일어나는 사람, 흉몽이나 가위눌림 등으로 고생하는 사람, 가족 중에 비명횡사한 사람, 자살한 가족이 있는 역술인에게 이름을 지으면 나쁜 기운이 이름에 그대로 전달된다는 무서운 말씀을 해주시었다.

그러시면서 이름을 짓는 순간 여러분이 원하든 원하지 않든 이름을 지어준 사람이 부모가 되어서 평생 동안 그 사람의 나쁜 기운들이 이름으로 전달된다는 무서운 말씀을 전해 주시면서 아무에게나 이름을 지으면 안 된다고 하시었다.

아마도 인류 최초의 무서운 진실일 것이다. 세상 그 어디에서도 들어본 적이 없는 말씀이고, 우리 인간으로서는 감히 상상도 못해 본 일이다.

역술인들이 들으면 기분 나빠할 일이지만 인간들이 알지 못하는 이름에 대한 최초의 비밀을 가르쳐주시었다.

그리고 또 다른 진실은 한문 이름이든 한글 이름이든 음양오행과 수리에 맞추어서 짓기 때문에 다 똑같아 별반 차이가 없다고 하시면서 하늘과 땅, 신의 기운이 내리는 이름인지 아닌지가 좋은 이름 여부가 결정된다고 하신다.

평생 불러주어야 할 이름!

평생 입는 옷이나 마찬가지인데 너무나 쉽게 생각하고 이름을 역술원에서 짓고 있다. 사람도 인생을 잘 살려면 하늘과 땅, 신의 보호와 도움을 수시로 받고 살아가야 인생의 운이 막히지 않고 무탈하게 살 수 있다.

하지만 세상 사람들은 이런 진실을 전혀 모르고 있다.

어떻게 어디 가서 짓는 것이 잘 짓는 이름인지 알 수 없기 때문에 방법을 찾을 수가 없었다. 이름에 대한 엄청난 비밀은 처음이기에 여러분이 어떻게 받아들일지….

필자의 뜻에 공감하는 사람들만 상호, 개명, 아호, 신생아 이름을 의뢰하면 되고 부정하는 사람들은 지금처럼 기존의 역술원에 가서 싼 이름을 지으면 된다.

필자가 짓는 이름은 전 세계 최고의 명품 이름이다.

홍길동이라는 이름을 여러 역술인이 지었다고 하여도 필자가 홍길동이라 지으면 하늘과 땅, 신의 기운이 실시간으로 내려가기에 특별한 명품 이름이 된다.

거지에게 이름을 지으면 거지의 기운이 흐르고, 사기꾼에게 지으면 사기꾼의 기운이 흐르고, 장애인에게 지으면 장애인의 기운이 흐르고, 큰 병을 앓고 있는 환자에게 지으면 질병의 기운이 흐르게 되어 여러분도 같은 운명이 된다.

필자가 이름을 지으면 왜 명품 이름이 되는 것인가?

하늘의 대행자이고, 인류의 대표 인황이란 관명을 하사받았기 때문이고, 하늘과 땅의 기운을 필자를 통해서 인류에게 내려주신다고 말씀해 주시었기 때문이다.

천지기운을 필자를 통해서 내려주신다고 하시었기 때문에 필자가 말하거나 글을 쓰면 그대로 현실에서 이루어진다. 말만으로 질병의 통증을 소멸시킨다면 독자 여러분은 믿지 않을 것인데 사실이다.

어쨌든 필자에게 명품 이름을 지을 사람들은 방문해서 상담부터 받아보고 결정하면 된다.

대신 기존에 작명가나 역술원에 가서 짓는 일반적인 이름에 비해서는 상당히 고액이므로 이를 수긍하고 인정할 특별한 사람들에게만 한정적으로 지어준다.

등급별로 작명비에 차등이 있다.

일반 작명

하품, 중품, 상품, 특품

VIP 중급 작명

하품, 중품, 상품, 특품

명품 VVIP 특품 작명

하품, 중품, 상품, 특품

평생 동안 아니 죽어서도 남길 명품 이름이다.

작명비가 비싸면 비싼 만큼 그 값어치가 있고, 여러분 역시 비싼 이름을 지었다는 커다란 자부심으로 살아서는 물론 죽어서도 갖게 될 것이다.

평생 동안 하늘과 땅의 좋은 기운이 흐르는 이름이 될 것이고, 하늘의 대행자이자 인류의 대표 인황이 지어준 명품 이름이라 대단한 보람과 자부심을 평생 갖고 살아갈 것이다.

하늘의 대행자이자 인류의 대표 인황이란 전무후무한 최고 높은 신분의 브랜드 가치도 있고, 여러분에게 이름의 부모가 되기에 인생을 살아가면서 평생 동안 신비의 천지기운을 받고 살아가게 되므로 결코 비싼 것이라 할 수 없다.

명품 이름을 짓게 되면 기감을 잘 느끼는 예민한 사람들은 그때부터 신비의 좋은 기운이 자신의 몸으로 내리는 것을 느낄 것이고, 수호신이나 부적 같은 역할도 해준다.

자식을 사랑한다면 신생아 이름도 명품 이름으로 지어주는 것이 부모의 진정한 사랑일 것이다. 이름이 나쁘지 않아 개명할 필요가 없는 사람들은 아호를 지으면 좋다.

자미국과 인황의 브랜드 가치는 날이 갈수록 고공 행진할 것이고, 전 세계적으로 널리 알려질 것이기 때문에 일평생 기념과 자부심으로 남을 것이다.

— END —

책을 집필하면서 알게 된 진실입니다.

나약하고 부족한 인간의 능력만으로는 한 치 앞도 알 수 없는 자신의 불확실한 미래 세상을 감당해 내기가 너무나 힘이 들 것이니 자미국 두 저자를 통해서 하늘과 땅의 절대자로부터 도움을 받고 사는 길을 선택해야 합니다.

종교를 믿는 사람들에게 전하는 긴급 메시지입니다.

집안 말아먹으려거든, 기업 망하려거든, 직장 잃어버리려거든, 높은 자리 내놓으려거든, 선거에서 떨어지려거든, 비명횡사하여 세상 일찍 하직하려거든, 구속되어 수감생활하려거든, 큰 질병으로 병원에 입원하려거든, 우울증과 불면증으로 고생하려거든, 이혼과 별거하려거든 자신들이 지금까지 열심히 다니고 있는 종교세계 안에 그대로 머물러 있고, 살고 싶은 사람들만 자미국에 전화로 예약하고 방문하면 됩니다.

이 진귀한 책을 구독한 독자들은 하루라도 빨리 무서운 종교세계의 굴레에서 벗어나 자신과 가족의 불확실한 미래에 대한 죽음과 사건사고의 공포와 두려움을 하늘과 땅의 절대자로부터 보호 받고 살아가야 어느 날 갑자기 일어나는 끔찍한 불상사를 막아낼 수 있습니다.

두 저자는 진귀한 이 글을 쓰기 위하여 일생을 바쳤습니다. 끝으로 여러분 모두 '대한민국의 원과 한을 풀어낼 행복 프로젝트'에 솔선수범 동참하여 행복한 세상을 누리시기 바랍니다.

天紀 14(2014)년 5월 7일 戊寅
지은이 紫微 방상용

자미국
저자 상담예약전화 02)3401-7400

서울 강동구 성안로 118
지하철 5호선 강동역 3번 출구 직진 성심병원 사거리에서 우회
전하여 100m 지점 길 건너 **현당뷔페 동쪽 주차장 출입구**

인생사 궁금한 문제 상담(전화로 예약 후 방문)

[의식]
입천제, 천인합체

[신점]
빙의, 관재, 소송, 결혼, 이혼, 별거, 사업, 관운, 정치운

[사주]
궁합, 운명, 운세, 대운, 사주필지, 택일, 이사 방향

[작명]
상호, 개명, 아호, 신생아

입천제, 천인합체가 꼭 필요한 사람들

▶하늘과 신, 도의 기운이 궁금한 사람들.
▶고소고발 등의 소송을 당하고 있는 사람들.
▶자신의 몸 안에 누가 있는지 궁금했던 사람들.
▶조상님들을 진정으로 구원하고자 했던 사람들.
▶하늘의 백성과 천인으로 탄생하고 싶은 사람들.
▶굿이나 천도재를 아무리 해도 소용없었던 사람들.
▶주문수행으로 도통하려고 열심히 도를 닦고 있는 사람들.
▶사건사고, 단명, 비명횡사, 사업실패가 잘 일어나는 사람들.
▶구원받아 천당과 극락세계로 오르고자 종교를 믿는 사람들.
▶머리가 늘 무겁고, 신경질이 잦고 눈물을 자주 흘리는 사람들.
▶현생과 죽음 이후까지 마음을 의지할 안식처가 필요한 사람들.
▶종교세계, 무속세계, 도교세계를 다니며 크게 실망한 사람들.